HORST BREDEKAMP

Der Behemoth

Carl-Schmitt-Vorlesungen

Band 1

Herausgegeben von der Carl-Schmitt-Gesellschaft e.V.

Der Behemoth

Metamorphosen des Anti-Leviathan

Von

Horst Bredekamp

Duncker & Humblot · Berlin

Bibliografische Information der Deutschen Nationalbibliothek

Die Deutsche Nationalbibliothek verzeichnet diese Publikation in
der Deutschen Nationalbibliografie; detaillierte bibliografische Daten
sind im Internet über http://dnb.d-nb.de abrufbar.

Die erste Carl-Schmitt-Vorlesung
„Die Figur des Behemoth: Zu den Widersprüchen
einer Oppositionsmetapher" wurde von Horst Bredekamp
am 17. Oktober 2014 im Tieranatomischen Theater der Charité
in Berlin gehalten.

Alle Rechte vorbehalten
© 2016 Duncker & Humblot GmbH, Berlin
Fremddatenübernahme: L101 Mediengestaltung, Fürstenwalde
Druck: Das Druckteam, Berlin
Printed in Germany

ISSN 2367-1149
ISBN 978-3-428-14932-2 (Print)
ISBN 978-3-428-54932-0 (E-Book)
ISBN 978-3-428-84932-1 (Print & E-Book)

Gedruckt auf alterungsbeständigem (säurefreiem) Papier
entsprechend ISO 9706 ♾

Internet: http://www.duncker-humblot.de

Vorwort

Der vorliegende Text stellt eine erweiterte Fassung der am 17. Oktober 2014 im Tieranatomischen Theater der Humboldt-Universität zu Berlin gehaltenen Carl Schmitt-Vorlesung dar. Sie erfolgte auf Einladung der Carl-Schmitt-Gesellschaft, namentlich des Vorsitzenden, Gerd Giesler. Die erste Carl-Schmitt-Vorlesung zu halten, hat in mir durchaus ein Gefühl der Ehre, aber auch des Zweifels und der Anspannung ausgelöst.

Carl Schmitt ist und bleibt eine umstrittene Person. Dass sein Aufstieg im NS-Regime im Jahr 1936 endete, relativiert die Stigmatisierung nicht, die er sich in den Jahren zuvor selbst bereitet hat.[1] Ebenso gilt jedoch, dass seine Überlegungen keinesfalls in diesem dunklen Fluchtpunkt gebündelt und dort zum Verschwinden gebracht werden können. Seine Geltung in den USA, den Ländern Lateinamerikas und insbesondere Chinas scheint derzeit stetig zu steigen. Eine Art Besiegelung seines Status als Klassiker der Staatstheorie des 20. Jahrhunderts stellt das 2015 publizierte *Oxford Handbook of Carl Schmitt* dar.[2]

Mich selbst hat Carl Schmitts Wertschätzung durch Walter Benjamin, die ich in ihren Anfängen und Nachwirkungen zu rekonstruieren versucht habe, irritiert und herausgefordert.[3] Nicht weniger haben mich die Diskussionen mit dem Politologen Stephen Holmes angesprochen, der aus den Antworten auf Schmitts Überlegungen schärfere Argumente für seine eigene Position als Verfechter eines liberalen Staates gewann als durch die Zustimmung mit Autoren ihm gemäßer Überzeugungen.[4] Und schließlich haben mich unabläs-

---

[1] Zu diesem Komplex zuletzt: Sollors, 2014, S. 152–182. Vgl. Koenen, 1995. Zur Rezeption: Müller, 2007.
[2] Zunächst online publiziert, wird es auch als gedrucktes Buch erscheinen (The Oxford Handbook of Carl Schmitt, 2015).
[3] Bredekamp, 1998; ders., 1999, Walter Benjamin; ders., 2015.
[4] Holmes, 1993.

sige Erörterungen mit Gerd Giesler beeinflusst. Als einer der besten Kenner des Lebens und des Werkes von Schmitt stellt er eine Art Apotropäum gegenüber allzu vorschnellen Fixierungen dieses Juristen dar, der als ein Logiker hohen Grades auch ein mitreißender Assoziationsvektor war. Vielleicht ist der Effekt all dieser Zugänge am besten mit einer fortwährenden Unruhe beschrieben, die meine Beschäftigung mit Carl Schmitt nicht an ein Ende hat kommen lassen.

Dies gilt auch für meine Überlegungen zu der hiobschen Gestalt des Behemoth, die ich in ihrem historischen Wandel zu erschließen versucht habe.[5] Diese Untersuchungen waren als Fortsetzung meiner Beschäftigung mit der Gegenfigur des Leviathan gedacht.[6] Es war ein Gedankenblitz von Schmitt, der sie neu herausforderte. Unter besonderer Berücksichtigung seiner Erläuterungen, in denen die beiden Monstra nie anders denn als Metaphern der Politik auftreten, soll eine politische Geschichte der beiden Untiere versucht werden. Angesichts der Fülle und Komplexität der hier sich auftuenden Probleme kann sie nicht mehr sein als eine teils in Sprüngen vorgehende Skizze.

Rehmstackerdeich, mit Blick auf behemothhafte Bullen.
Horst Bredekamp, Oktober 2015

---

[5] Bredekamp, 2009, TranState Working Papers; ders., 2009, Leviathan; ders., 2012. Wo dies geboten schien, knüpfe ich an wenigen Stellen wörtlich an diese Überlegungen an.

[6] Bredekamp, 1998; ders., 1999, Thomas Hobbes; ders., 2003.

Inhaltsverzeichnis

1. **Die Monstra des Buches Hiob** 9
   Der Behemoth 9
   Der Leviathan 10
   Hobbes Aktualisierung der Hiob-Monstra 13
2. **Antike und Mittelalter** 18
   Die diffusen Wurzeln der Hiob-Monstra 18
   Die Monstra im *Liber Floridus* 20
   Das Mittelmeer des Opicinus de Canistris 27
   Das eschatologische Festmahl 29
   Der Kern der Schöpfung 31
3. **Hobbes, Blake und Breton** 37
   Hobbes Politisierung der Hiob-Monstra 37
   Blakes Monstra von Nelson und Pitt 39
   Blakes Fassung der Hiob-Monstra 45
   Bretons Behemoth als Satan 49
4. **Tönnies, Schmitt und Neumann** 53
   Tönnies Rehabilitierung von Hobbes *Behemoth* 53
   Schmitts Rekonstruktion der Monstra 54
   Schmitts Kritik von Hobbes *Leviathan* 58
   Neumanns *Behemoth* 63
5. **Der Behemoth in Schmitts *Glossarium*** 69
   Der *Leviathan* als Fassade 69
   Die Kathedrale von Santiago de Compostela 73
   Die Resistenz des Behemoth und der Pórtico de la Gloria 76
   Das Lächeln des Daniel 82
6. **Aktuelle Varianten** 91
   Der Aufstieg des Behemoth 91
   Der Gegensatz von Konsistenz und Transparenz 94
   Die Diagnose des Films 97

Dank 100
Literatur 101
Verzeichnis der Historischen Personen 116

1. Die Monstra des Buches Hiob

Der Behemoth

Als einer der großen Texte des Alten Testamentes verbindet das Buch Hiob Grundfragen von Theologie und Politik. Es gehört zur unvergänglichen Literatur über das Verhältnis von Individuum und Autorität, Einzelschicksal und Weltordnung. Wie vor Gericht stehend, klagt der zunächst vom Glück begünstigte, dann jedoch vor den Trümmern seines Lebens stehende Hiob Gott an. Drohend spricht dieser aus dem Wettersturm (40, 8): „Willst du wirklich mein Recht bestreiten, mich schuldig sprechen, damit du Recht bekommst?" Weil sich Gott auf die Anklagen Hiobs nicht einlässt, sondern vielmehr seine Macht vorführt, ist das Buch auch für die Ausbildung einer Theorie der Souveränität von fundamentaler Bedeutung.

Aus einem Wirbelwind heraus lässt Gott zwei schreckenerregende Wesen auftreten: den Behemoth und den Leviathan. Sie stehen für Herrschaft an sich, weil sie mit der Erde und dem Wasser jenen zwei Elementen zugeordnet sind, die sich der Mensch als Lebenssphäre dauerhaft nutzbar zu machen sucht. Die Aufrufung der Ungeheuer beginnt mit Behemoth, dem Monstrum des Landes (15–24).[1] Die ersten Verse gelten der körperlichen Beschaffenheit und der Kraft dieses Wesens (15–18):[2] „Siehe da den Behemoth, den ich geschaffen habe wie auch dich! Er frisst Gras wie ein Rind. Siehe, welche Kraft ist in seinen Lenden und welch eine Stärke in den Muskeln seines Bauchs! Sein Schwanz streckt sich wie eine Zeder; die Sehnen seiner Schenkel sind dicht geflochten. Seine Knochen sind wie eherne Röhren, seine Gebeine wie eiserne Stäbe."

---

[1] Zeile für Zeile analysiert aus den verschiedenen Textvorlagen durch Fuchs, 1993, S. 232–258 und Caquot, 1996.

[2] Zitate, wenn nicht anders angegeben, nach der Fassung: Bibel, 1985.

Nach diesem Zugang zur physischen Macht des Ungeheuers folgt die Bestimmung seines herausragenden Status in der Schöpfungsgeschichte (19a): „Er ist das erste der Werke Gottes". Der folgende Halbvers (19b) ist jedoch unklar, weil die jeweils deutenden Übersetzungen zwischen: „Der ihn gemacht hat, gab ihm sein Schwert." und „Hätte sein Schöpfer ihm sein Schwert geben sollen?" schwanken, um nur zwei von zahlreichen Varianten zu zitieren.[3] So ist der Behemoth nicht nur die erstgeschaffene Kreatur Gottes, sondern auch der Beginn politischer Macht, da er dessen richtendes Schwert trägt oder verkörpert.

Der Lebensbereich des Untieres reicht von den unwirtlichsten und gefährlichsten Bergregionen bis hin zu den Weiten der Ebene, in denen er sich zu bewegen und die er zu beherrschen versteht. Selbst im reißenden Strom vermag er zu schwimmen und sich dort aller Angreifer zu erwehren (20–23): „Die Berge tragen Futter für ihn, und alle wilden Tiere spielen dort. Er liegt unter Lotosbüschen, im Rohr und im Schlamm verborgen. Lotosbüsche bedecken ihn mit Schatten, und die Bachweiden umgeben ihn. Siehe, der Strom schwillt gewaltig an: er dünkt sich sicher, auch wenn ihm der Jordan ins Maul dringt."

Nicht ohne Hohn wendet sich Gott schließlich mit der rhetorischen Frage an Hiob, ob er sich vorstellen könne, dieses Wesen zu domestizieren (24): „Kann man ihn fangen Auge in Auge und ihm einen Strick durch seine Nase ziehen?" Der Strick bezieht sich auf die Bändigung eines Landtieres, gegenüber der die folgende Beschreibung des Leviathan unmittelbar auf dessen Wesen als fischähnliches Monstrum anspielt.

Der Leviathan

Während dem Behemoth 9 Zeilen gewidmet sind, gelten dem Leviathan mit 33 Zeilen mehr als das Dreifache (40, 25–41, 26). Gott beginnt mit der suggestiven Frage: (40, 25–26): „Kannst du den Leviathan fangen mit der Angel und seine Zunge mit einer Fangschnur fassen? Kannst du ihm ein Binsenseil an die Nase legen und

---

[3] Zürcher Bibel, 2007. Zu den unterschiedlichen Deutungen: Fuchs, 1993, S. 239–241 und Caquot, 1996, S. 54f.

mit einem Haken ihm die Backen durchbohren?" Im Unterschied zu dem grasfressenden Landtier Behemoth, der mit dem Strick zu bändigen wäre, bestimmt Gott den Leviathan mit dem Hinweis auf das Fanggerät der Angel als ein Wasserwesen.

Die Aufrufung des Leviathan nimmt aus dem Grund eine weitaus umfangreichere Zahl an Versen ein, weil Gott die unüberwindliche Macht des Leviathan auch in Termini der Politik konkretisiert. Der erste betrifft die Instanzen der Gnade und der Verträge (27–28): „Meinst du, er wird dich lange um Gnade bitten oder dir süße Worte geben? Meinst du, er wird einen Bund mit dir schließen, dass du ihn immer zum Knecht bekommst?" Mit der Möglichkeit der Gnade und dem Abschluss eines Knechtsvertrages klingt die Schuldbefreiung durch den über dem Gericht stehenden Souverän ebenso an wie das Verhältnis von Herr und Untertan.[4] Die Schaffung eines Knechtsverhältnisses wahrt eine wechselseitige Bindung, die beide Seiten aufeinander bezieht.

Es folgt daher der Hinweis auf das Spiel, bei dem die hier angesprochene Verpflichtung der Autorität, wie sie Georg Wilhelm Friedrich Hegel in der *Phänomenologie des Geistes* verdeutlicht hat,[5] nicht mehr gilt (29): „Kannst du mit ihm spielen wie mit einem Vogel oder ihn für deine Mädchen anbinden?" Mit dem Spiel ist jene Kategorie absoluter Macht angesprochen, die Gott allein zukommt, weil mit dem *ludus* das wechselseitige Abhängigkeitsverhältnis von Herr und Knecht nicht mehr greift. Im Spiel gibt es keine Zweckbestimmung, gegenüber der sich auch der Herr rechtfertigen muss. Da das Spiel einen Zweck verfolgt, aber kein Ziel setzt, dem sich der Herr beugen muss, wird es zum Attribut und zur Ausdrucksform göttlicher Autorität. Auch die Schöpfung ist das Werk eines demiurgischen Spielers. In den Sprüchen Salomos hat die Verkörperung der göttlichen Weisheit daher den Schöpfergott als Spielpartner gepriesen: Als Gott Himmel und Erde schuf, „da war ich der

---

[4] Zum Problem des „Wunders" der noch über der Gnade und damit über dem Gesetz stehenden Autorität in der frühen Neuzeit: Bredekamp, 2008, Künstler.

[5] In diesem Sinn einer gegenseitigen Abhängigkeit von Herr und Knecht verdeutlicht Hegel, dass die vertragliche Subordination einer Menschengruppe gerade denjenigen bindet und in letzter Konsequenz abhängig macht, der diesen Vertrag als Herr oktroyiert (Hegel, 1970, S. 145–155).

Liebling an seiner Seite / war Tag für Tag das Ergötzen, / indem ich die ganze Zeit vor ihm spielte. Da spielte ich auf dem weiten Rund seiner Erde / und hatte mein Ergötzen mit den Menschenkindern."[6] Indem Gott suggeriert, auch gemeinsam mit dem Leviathan spielen zu können, unterstreicht er seine zweckfreie und damit absolute Herrschaft über den Globus.

Auch dem Bereich der Ökonomie ist der Leviathan entzogen (30): „Meinst du, die Zunftgenossen werden um ihn feilschen und die Händler ihn verteilen?" Mit dem Feilschen ist die prinzipielle Möglichkeit des Tausches gegeben, die das Objekt einer solchen Nutzung nicht nur verfügbar, sondern auch zerteilbar macht: Bewertet auf der Skala der Quantität, kann es als Ganzes oder in Teilen den Eigentümer wechseln. Auch hier hat die Frage einen höhnischen Unterton, der die Unverrechenbarkeit des Leviathan bezeugt.

Schließlich folgen die Sphären der Jagd und des Kampfes (31–32): „Kannst du mit Spießen spicken seine Haut und mit Fischerhaken seinen Kopf? Lege deine Hand an ihn! An den Kampf wirst du denken und es nicht wieder tun!" Das Objekt der Spieße ist zwar unbestimmt, aber der Fischerhaken verweist auf das Fangen von Wasserwesen. Das Hand-Anlegen zielt darüber hinaus auch auf andere Formen der Auseinandersetzung, wie sie jenseits der Jagd praktiziert werden. Bereits der Versuch, hier tätlich zu werden, ist zum Scheitern verurteilt.

Folgerichtig wechselt die Rede Gottes von der Kaskade rhetorischer Fragen zur apodiktisch vertretenen Gewissheit, dass am Leviathan alle Hoffnungen auf Rebellion zerschellen. Es bleibe allein die Geste der Unterwerfung (41, 1–3): „Siehe, jede Hoffnung wird an ihm zuschanden; schon wenn er ihn sieht, stürzt er zu Boden. Niemand ist so kühn, dass er ihn zu reizen wagt. – Wer ist denn, der vor mir bestehen könnte? Wer kann ihm entgegentreten und ich lasse ihn unversehrt! Unter dem ganzen Himmel ist keiner!"

Über weitere, metaphernreiche Beschreibungen der körperlichen Beschaffenheit des Leviathan und seiner furchterregenden Verhal-

---

[6] Biblia Sacra, Sprüche Salomons, 8, 30–33: „Cum eo [= deo] eram, cuncta componens. / Et delectabar per singulos dies, / Ludens coram eo omni tempore, / Ludens in orbe terrarum; / Et deliciae meae esse cum filiis hominum." Vgl. hierzu ausführlicher: Bredekamp, 2000, S. 66 f.

tensweisen (4–24) endet die Rede Gottes in den Versen (25–26): „Keine Macht ist auf Erden, die ihm zu vergleichen ist; er ist ein Geschöpf ohne Furcht. Er sieht allem ins Auge, was hoch ist; er ist König über alle stolzen Tiere."[7] Mit der Bezeichnung als „König" ist vollends die politische Sphäre angesprochen, in welche der Leviathan zuvor durch die rhetorischen Fragen Gottes gesetzt wurde. Die Elemente seiner einzigartigen, in der Figur des *Rex* zusammengefassten Macht liegen darin, dass der Leviathan weder durch Fesseln gefangen noch durch Verträge gebunden werden kann und dass mit ihm weder zu spielen noch Handel zu treiben ist.

Hobbes Aktualisierung der Hiob-Monstra

Da die Macht des Leviathan im Buch Hiob mit Blick auf Grundmuster der menschlichen Gemeinschaft ausgeführt wurde, stieg dieses Untier zur wohl berühmtesten Metapher der Politik auf. Dies galt insbesondere für Schmitt, dessen Diktum, dass „alle prägnanten politischen Begriffe der modernen Staatslehre [...] säkularisierte theologische Begriffe" seien,[8] im Buch Hiob seinen Ausgangspunkt hat. Dem Bild des Leviathan sprach Schmitt jene Übermacht zu, die das Untier des Alten Testaments besaß. Ihr galt Schmitts nicht minder oft zitierter Spruch: „Keine noch so klare Gedankenführung kommt gegen die Kraft echter, mythischer Bilder auf."[9] Schmitt bezog sich auf Thomas Hobbes, der seiner im Jahr 1651 veröffentlichten Grundschrift der modernen Staatstheorie den Titel *Leviathan* gegeben hatte, um seinem Begriff des Staates die Prägnanz dieses Bildes zu vermitteln. In der Himmelsschrift des Frontispizes (Abb. 1) zitiert Hobbes den Schlussvers der Beschreibung des Leviathan aus dem Buch Hiob: *Non est Potestas super Terram quae comparetur ei. Iob 41. 24* („Keine Macht ist auf Erden, die ihm zu vergleichen ist. Hiob 41, 24").[10]

---

[7] Der Übersetzung von Vers 25: „Auf Erden ist nicht seinesgleichen" (Bibel, 1985, S. 551), wird hier nicht gefolgt, weil sie den in unserem Zusammenhang bedeutsamen Begriff der „Macht" (*potestas*) nicht aufführt.
[8] Schmitt, 1996 (1922), S. 43.
[9] Schmitt, 1938, S. 123; ders., 1982, S. 123.
[10] Hobbes, 1991 [1651].

1. Die Monstra des Buches Hiob

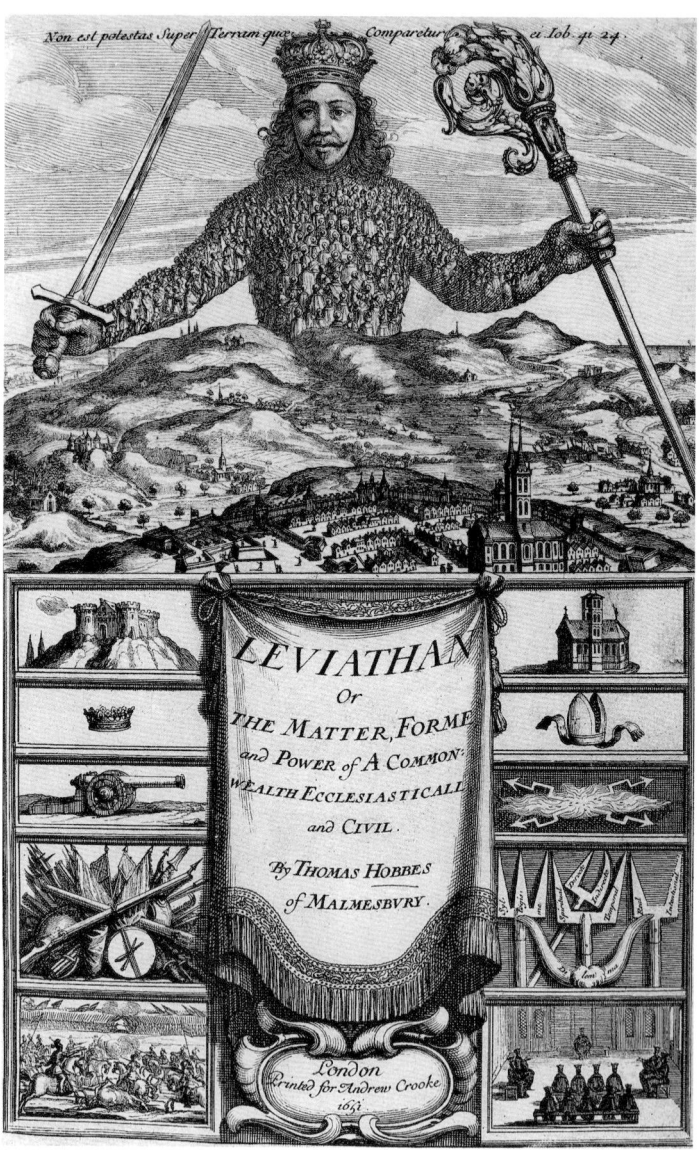

Abb. 1: Abraham Bosse, Leviathan, Radierung,
Frontispiz zu: Thomas Hobbes, Leviathan, 1651

Das Bild des Leviathan imaginiert Hobbes nicht als ein Ungetüm des Meeres, sondern in Gestalt eines sich über einer Hügelkette auftürmenden Riesen, dessen Inneres von einer Vielzahl von Menschen ausgefüllt ist. Diese zahllosen Zellen im Inneren der Figur entsprachen dem hebräischen *liv'iah* als dem „Zusammensetzen",[11] und damit war der Weg zum Bild des Herrschers als Kompositfigur frei, wie es zahlreiche Varianten erfahren hat.[12]

Für diese Vorstellung war neben einer Fülle anderer Quellen ein im Jahr 1637 publizierter Hiob-Kommentar von grundlegender Bedeutung, in dem der gelehrte Pariser Kapuzinermönch Jacques Boulduc den Leviathan als Symbol herrschaftlicher Kompositfiguren definierte: „Könige und Herrscher [...] sind *Leviathan* genannt, insofern jeder von ihnen der Kopf eines mystischen und zusammenhängenden Körpers ist, der aus vielen unterschiedlichen, zusammengefügten Gliedern gefügt ist; dies bedeutet, er ist das Hauptteil, von dem das Leben und die Stärke aller anderen abhängt".[13]

Damit war Hobbes Grundgedanke vorgeprägt. Bei ihm kommt jedoch die fundamentale Idee hinzu, diesen Leviathan als eine menschgeschaffene Riesengestalt zu denken, der als „sterblicher Gott" das irdische Maß übersteigt. Die Idee entstammt einer Passage des *Corpus Hermeticum*, jener Sammlung okkulter antiker Texte, deren Bedeutung bis weit in das 17. Jahrhundert nur mehr von der Bibel erreicht wurde.[14] Das *Corpus Hermeticum* beschrieb unter anderem die ägyptische Praxis, menschenähnliche Statuen von Göttern aufzustellen, die mit höchster Weisheit ausgestattet waren und sol-

---

[11] Malcolm, 2007, S. 30–39.

[12] Unter Giuseppe Arcimboldos derartigen Darstellungen ragt das Herbst-Portrait von Kaiser Rudolf II. heraus (Bredekamp, 1999, Thomas Hobbes, S. 79 f.).

[13] „Reges & dynastae [...] appellantur *Leuiathan*, eò quód vnius mystici ex multis, diuersisque membris compacti & constantis corporis caput sunt, id est, praecipuum, de quo aliorum omnium firmitas, vitaque pendet, membrum" (Boulduc, 1637, Bd. II, S. 928; zit. nach Malcolm, 2007, S. 35). Vgl. Bredekamp, 2006, S. 76–82, zu den Kompositkörpern der Arcimboldo-Schule, und Manow, 2008, S. 41, zur Deutung der Kompositfigur als Bild des Parlaments.

[14] In seinem Konzept einer idealen Bibliothek hat Hobbes mehr als zehn Ausgaben des *Corpus Hermeticum* aufgeführt (Schuhmann, 1985; ders., 1986; ders. 1990; vgl. Bredekamp, 1999, Thomas Hobbes, S. 65–72).

cherart als weise Staatenlenker fungieren konnten.[15] Mit Blick auf diesen Text hat Hobbes im Widerspruch zum Buch Hiob, dem er den Begriff und die Idee der übermenschlichen Erscheinung des Leviathan entlehnt hat, von dessen Monstergestalt abgesehen. Er ist Ungeheuer allein in seiner Riesengestalt; seine Formen gleichen jedoch gemäß dem *Corpus Hermeticum* denen der Menschen, die ihn geschaffen haben.[16] Diesem hermetischen Text zufolge besitzt der Leviathan auch den Charakter eines lebendigen Automaten, wie Hobbes ihn in der Einleitung seines Traktates eindringlich als „künstlichen Menschen" aufruft.[17] In dieser Bestimmung ist Hobbes Staatsbild immer wieder aufgenommen, aber auch kritisiert und verworfen worden.

Hobbes im Jahr 1682 postum erschienene Schrift *Behemoth* analysiert den Gegenpol dessen, was heute als „failed state" zu bezeichnen wäre,[18] so dass die beiden Monstra aus dem Buch Hiob zu Metaphern der beiden Opponenten politischer Ordnungen wurden: der autoritativen Staatsgewalt und des latenten oder offenen Bürgerkriegs. Hobbes *Behemoth* fand jedoch weniger Beachtung als der *Leviathan*. Ein Grund könnte darin gelegen haben, dass Hobbes ihm keine dem Leviathan entsprechende visuelle Definition gegeben hat. Bereits im Buch Hiob war der Behemoth als pure Physis der Macht weniger differenziert eingeführt als der Leviathan, an dem die Spezifika der Gemeinschaftsbildung in allen Facetten durchgespielt wurden. Aber auch der Behemoth, und vor allem sein Status als erste geschaffene Kreatur, die mit dem Schwert in Verbindung gebracht ist, forderte immer neue Interpretationen heraus.

---

[15] Corpvs Hermeticvm, 1973, Kap. 23, S. 326, Z. 7 f. Vgl. Das Corpus Hermeticum Deutsch, 1997, S. 286.

[16] Bredekamp, 1999, Thomas Hobbes, S. 70.

[17] „*Art* goes yet further, imitating that Rationall and most excellent work of Nature, *Man*. For by Art is created that great LEVIATHAN called a COMMON-WEALTH, or STATE (in Latin CIVITAS) which is but an Artificiall Man; though of greater stature and strength than the Naturall, for whose protection and defence it was intended; and in which, the *Sovereignty* is an Artificiall *Soul*, as giving life and motion to the whole body" (Hobbes, 1991, S. 9).

[18] Hobbes, 1682; ders., 1889; ders., 1990.

In der Deutungsgeschichte der Hiob-Monstra nimmt Carl Schmitt einen besonderen Stellenwert ein, weil er als erster Staatstheoretiker nach Hobbes zur politischen Metaphorik sowohl des Leviathan wie auch des Behemoth Stellung bezogen hat. Gegenüber dem Leviathan stand der Behemoth zumeist im Schatten, aber er trat immer dann in den Vordergrund, wenn die Zeitumstände die Porosität aller Staatsbildungen zum Vorschein kommen ließen. Dies gilt auch für die Gegenwart, und daher kann der Behemoth als ein spezifisches Symboltier unserer Zeit gelten. Die folgende kurze Geschichte der politischen Ikonologie dieser Figur ist auf diese beiden Brennpunkte ihrer vielschichtigen Verwandlungen hin angelegt.

2. Antike und Mittelalter

Die diffusen Wurzeln der Hiob-Monstra

Die Vorbilder des Leviathan wie auch des Behemoth sind aus dem Kreis jener Urdrachen abgeleitet worden, die sich aus den babylonischen Kosmogonien und anderen Mythen herausgebildet haben. Der Leviathan wurde als ein schlangenförmiger Drache identifiziert, der als Tier des Okeanos die bekannte Landmasse umschlingt, um am Ende der Tage von Gott getötet zu werden. Die Kämpfe Gottes mit diesem Drachen markieren die Schöpfung und die Endzeit als Anfang und Ende des kosmischen Geschehens.[1] So nachvollziehbar sie sein mögen, mangelt es diesen Ableitungen aber an der Präsenz und der narrativen Kraft, mit der diese Ungeheuer im Buch Hiob aufgerufen werden.[2]

Die Deutung des Leviathan wie auch des Behemoth aus ägyptischen Quellen ist von hoher Plausibilität,[3] aber auch dieser Erzählstrang reicht nicht an die literarische Kraft der alttestamentlichen Überlieferung. So ist angenommen worden, dass ägyptische Krokodile das Modell für das Wasserwesen Leviathan abgegeben haben. Dieses im Nil lebende Reptil galt als so gefährlich, dass es zum Symbol des Bösen schlechthin, zum Feind des ägyptischen Himmelsgottes Horus werden konnte.[4] Auf einer Stele der 19. Dynastie (1308–1206) steht Horus als noch jugendlicher Held auf zwei Krokodilen, die ihm, flach gepresst, eine Plattform bieten.[5] Als Sonnenfeind und Gegenspieler des Horus verkörpert das Krokodil den teuflischen Seth.[6]

---

[1] Grundlegend, wenn auch vielfach korrigiert und erweitert: Gunkel, 1921 [1895], S. 41–48. Vgl.: Wakeman, 1973.

[2] Batoo, 1999, S. 165 f., mit Blick auf den Behemoth.

[3] Grundlegend: Gunkel, 1921 [1895], S. 56 f. und Keel, 1978.

[4] Ebda., S. 143 f.

[5] Ebda., S. 148, S. 149, Abb. 86.

[6] Ebda., S. 152, Abb. 91. Vor seinem auf dem Thron sitzenden Vater Osiris stößt der falkenköpfige Lichtgott dem als Krokodil verkörperten Seth die Lanze in den Hinterkopf (Keel, 1978, S. 150, Abb. S. 152, 91).

Die diffusen Wurzeln der Hiob-Monstra 19

Abb. 2: Relief aus einer altägyptischen Mastaba,
Altes Reich, Umzeichnung, aus: Keel, 1978, S. 153

Als ein dem Leviathan ähnliches Ursprungsungeheuer ist der Behemoth ebenfalls auf das Krokodil, häufiger aber auf schwergewichtige Landtiere wie Ochsen und Elefanten, vor allem aber auf das Nilpferd als einer zweiten ägyptischen Quelle zurückgeführt worden.[7] Zahlreiche Szenen zeigen die Erlegung dieses mächtigen, am Fluss lebenden Landtieres.[8] Über seine Funktion einer kostbaren Jagdbeute hinaus wurde das Nilpferd zu einer weiteren Verkörperung des in Seth versammelten Bösen, um in dieser Bestimmung erneut zum Jagdopfer des falkenköpfigen Lichtgottes zu werden.[9]

Zusammenstellungen des Krokodils und des Nilpferds als den zwei Erscheinungen Seths suggerieren, dass sie gemeinsam für die

---

[7] Gunkel, 1921 [1895], S. 61–65. Vgl. allgemein Ruprecht, 1971, Day, 1985, S. 76 und Batto, 1999, S. 166 f., mit weiterer Literatur. Beispiel: Behrmann, 1996, Teil I, Katalog, Dok. 161a: Grab des Abu el-Naga, TT 155, Halle. Umfassende Rekonstruktion aller bislang vorgelegten Benennungen: Couroyer, 1975.
[8] Zum Ritual der Nilpferdtötung: Ebda., Teil II, Textband, S. 99–123. Vgl. Keel, 1978, S. 132, 136, Abb. S. 134, 74.
[9] Ebda., 1978, S. 139, Abb. S. 137, 78.

beiden Ungeheuer des Buches Hiob Pate standen (Abb. 2).[10] Ihre vergleichsweise winzige Erscheinung als Attribute des Lichtgottes bedeutet keinesfalls, dass ihre Macht minimiert wird; vielmehr dient ihr kleines Format zur Herausstellung der erhabenen großen Gottheiten. Gegenüber dem Menschen behalten die Ungeheuer ihre Übermacht.

Diese Perspektive ist in der jüdischen Überlieferung so weit monumentalisiert, dass sich die mimetischen Anlehnungen an konkrete Tiere wie das Nilpferd, das Krokodil, den Wal oder mythische Wesen wie den Drachen, so plausibel sie erscheinen, auch wieder verflüchtigen.[11] Um die Stärke Gottes zeigen zu können, sind die Beschreibungen des Behemoth und Leviathan im Buch Hiob auf eine Weise übersteigert, dass ihre sprachlich evozierten Bilder einer Neuschöpfung gleichkommen.[12] Als Tandem, vor dem „die Angst tanzt",[13] sind sie die lebendigen Zeugnisse göttlicher Autorität. In dieser Funktion treiben ihre beunruhigenden Metamorphosen durch die Geschichte der Reflexionen und Bilder von Macht, Gegenkraft und Übermacht.[14]

Die Monstra im *Liber Floridus*

Verwoben mit der jüdischen Tradition hat die christliche Überlieferung die verschiedenen Bedeutungsschichten der beiden Monstra des Buches Hiob in zahlreichen Varianten ausgereizt. Zwei um 600 verfasste Texte haben das Motto vorgegeben. In Isidor von Sevillas *Etymologiae*, die zu einer Art Enzyklopädie des Mittelalters wurde, sind Behemoth und Leviathan als auf der Erde und im Wasser auf-

---

[10] Ebda., 1978, S. 154, Abb. S. 153, 93.

[11] Die möglichen Identifizierungen sind durch Ebach, 1984, S. 15–28 und Gold, 1985, S. 62–87 kritisch zusammengestellt worden. Vgl. aus der jüngeren Literatur: Hasan-Rokem, 2008, S. 13–15 und Lehnardt, 2009, S. 109. Aus demselben Jahr stammt eine umfassende Ableitung des Leviathan, des Behemoth und des zusätzlich auftretenden Vogels Ziz aus der wohl Ende des ersten Jahrhunderts n. Chr. verfassten *Baruch-Apokalypse* (Kulik, 2009). Zuletzt zu Behemoth und Leviathan: Juhás und Lapko (2015).

[12] Keel, 1978, S. 154.

[13] Bibel, 1985, Altes Testament, Buch Hiob, 41, 14.

[14] Schmitt, 1938, S. 12 f.

tretende Verkörperungen eines wegen seiner Vergehen aus dem Himmel gefallenen Wesens aufgeführt.[15] Während Isidors Hinweis allein die Zuordnung zu den Elementen und den bösen Charakter der beiden Tiere betrifft, hat der Hiob-Kommentar Gregors des Großen diese in immer neuen Anläufen als gemeinsame Emanationen des Satans und des Antichrist ausgewiesen.[16]

Auf der Grundlage der Abhandlung Gregors des Großen gab der Kanoniker Lambert von Saint-Omer den beiden Ungeheuern dann eine visuelle Form, die über das gesamte Mittelalter tradiert wurde. Zwei der Illuminationen seiner enzyklopädischen Kompilation *Liber Floridus*, an der er bis zum Jahr 1121 gearbeitet hat, zeigen die beiden Untiere als Inkarnationen des Bösen.[17] Indem sie von den Protagonisten des Übels geritten werden, führen sie ein neues Element ein. Auf dem Behemoth reitet der Teufel (Abb. 3), während der Antichrist über dem Leviathan thront (Abb. 4).[18] Behemoth ist als Landtier dargestellt, das von seinen vier gespaltenen Hufen, der großen, heraushängenden Zunge, den vorstehenden Hauern und den geschwungenen Hörnern charakterisiert wird.

Unbeirrbar stapft der Behemoth im *Liber Floridus* auf dem schollenförmig aufgewühlten Untergrund voran, geritten von dem kurzhalsigen, grüngesichtigen Teufel, der mit Pansohren und einer gehörnten Krone versehen ist, Klauen statt Finger zeigt und Flügel an den Unterschenkeln trägt. Der Titel erläutert: „Der Teufel, auf Behemoth sitzend, der einzigartigen und uneingeschränkten Bestie des Ostens, das ist der Antichrist."[19] Gregors des Großen Schrift

---

[15] Isidor, VIII, 27 f. (2008, S. 311).

[16] Beide Figuren durchziehen den gesamten, monumentalen Kommentar. Zusammenhängend handelt Gregor der Große von ihnen in Buch 32, XII, 16–34, XXIV, XXIII, 56 (Gregor I. „Papst", Bd. III, 1985, S. 1640–1773). Vgl. Poesch, 1970, S. 45–47.

[17] Zur Genter Handschrift grundlegend: Derolez, 2015.

[18] Derolez, 1998, S. 83 f.; ders., 2015, S. 86 f. Zur Quelle aus einem illustrierten griechischen Text des Buches Hiob aus der Septuaginta (Oxford, Bodley MS Barrocci Gr. 201 und Oxford, Bodley MS Laud. Gr. 86): Poesch, 1970, S. 47. Vgl. hierzu und zum Folgenden: Muir Wright, 1995, S. 64–77.

[19] „DIABOLUS SEDENS SUPER BEHEMOTH ORIENTIS BESTIAM SINGULAREM ET SOLAM, ID EST ANTICHRISTUM" (Poesch, 1970, S. 42).

Abb. 3: St. Bertin, Behemoth, Liber Floridus Lamberti Canonici, um 1125, Buchmalerei auf Pergament, Gent, Universitätsbibliothek, HS 92, fol. 62r (Foto aus Faksimile-Ausgabe, hg. von Derolez 1968)

Moralia folgend, definiert dieser Text den Behemoth als Emanation sowohl des Teufel-Satans wie auch des Antichrist, der am Ende der Tage große Teile der menschlichen Gemeinschaft und sich selbst auslöschen wird.[20] Der erläuternde Text stellt einen Auszug aus der Bibel sowie einen knappen Kommentar dar, in dem das Biest in Einklang mit Hiob (40, 19) als das am Beginn der Schöpfung erzeugte Wesen bezeichnet ist.

---

[20] Ebda., S. 42, 45–47.

Abb. 4: St. Bertin, Leviathan, Liber Floridus Lamberti Canonici, um 1125, Buchmalerei auf Pergament, Gent, Universitätsbibliothek, HS 92, fol. 62v (Foto aus Faksimile-Ausgabe, hg. von Derolez 1968)

Im Gegensatz zur schollenförmig aufgerissenen Erde, auf der sich der Behemoth bewegt, besteht der Grund des grünen, drachenförmigen und Feuer speienden Leviathan aus bewegtem Wasser. Über ihm thront der Antichrist in seiner verführerischen Camouflage als jugendlicher, eine Krone tragender und in der Rechten ein Zepter haltender König. Der Titel bezeugt: „Der Antichrist, der auf dem die teuflische Schlange bezeichnenden Leviathan sitzt, der grausamen Bestie, bis zum Ende."[21] In seiner strahlenden Erscheinung satanischer Falschheit nutzt der Antichrist den Leviathan nun als

Abb. 5: Anonym, Behemoth, Kopie nach Liber Floridus Lamberti Canonici, um 1150/70, Buchmalerei, Wolfenbüttel. Herzog August Bibliothek, Cod. Guelf. 1 Gud. Lat., fol. 41v
(Foto von der Website der Herzog August Bibliothek)

Throntier. Der Text in der oberen Seitenhälfte bezeugt die Herkunft des Antichrist, während die Ausführungen am Fuß der Seite eine Paraphrase aus dem Buch Hiob mit der Darlegung verbinden, dass auch Leviathan mit dem Teufel und dem Antichrist eins seien.[22]

---

[21] „ANTICHRISTUS SEDENS SUPER LEVIATHAN SERPENTEM DIABOLUM SIGNANTEM, BESTIAM CRUDELEM, IN FINE" (Zit. nach ebda., S. 43).

[22] Ebda., S. 43.

Die Monstra im *Liber Floridus* 25

Abb. 6: Anonym, Leviathan, Kopie nach Liber Floridus Lamberti Canonici, um 1150/70, Buchmalerei, Wolfenbüttel, Herzog August Bibliothek, MS Guelf. 1 Gud. Lat., fol. 42r
(Foto von der Website der Herzog August Bibliothek)

Von besonderer Bedeutung sind die Schwänze der beiden Bestien. Der des Leviathan bildet eine gewundene, in sich verdrehte Parodie des himmlischen Bogens von Christus als Weltenherrscher. Auf dem sich zurückdrehenden Schwanzende sitzt der Antichrist wie auf einem Thron. Der Schwanz des Behemoth, der sich wie eine Schlange zum Rücken des Teufels emporrichtet, verweist auf das Ende aller Zeiten, zu dem er erscheinen wird.[23]

---

[23] Ebda., S. 42 und 47, Anm. 31.

Abb. 7: Löwen-Aquamanile, Bronze, gegossen und ziseliert, Hildesheim, um 1220–30, Kopenhagen, Danmarks Nationalmuseet, 2. Afdeeling, Inv.-Nr.D 795

Eine Fülle von Kopien bekräftigen die Schlagkraft der von Lambert von Saint-Omer geprägten Musterbilder der reitenden Herren des Bösen. Hierzu gehört etwa die in der zweiten Hälfte des 12. Jahrhunderts geschaffene Fassung der Herzog August Bibliothek Wolfenbüttel (Abb. 5 und Abb. 6).[24] Der Wolfenbütteler Illuminator passt

---

[24] Heitzmann und Carmassi, 2013, S. 39 f. Die beiden Darstellungen werden auch überliefert in den *Liber Floridus* Handschriften: Paris, Bibliothèque nationale de France, MS lat. 8865, fols. 65v, 65bisr; Leiden, Universiteitsbibliotheek, MS Voss. Lat. Fol. 31, fol. 152r, 152v; Chantilly, Musée Condé, MS 724, fols. 42v, 43r; Genua, Biblioteca Durazzo-Giustiniani, MS A IX 9, fols. 39v, 40r; Den Haag, Koninklijke Bibliotheek, MS 72 A 23, fols. 48v, 49r und MS 128 C 4, fol. 97r, 97v. Grundlegend zur Überlieferung des *Liber Floridus*: Vorholt, 2016.

die Farbe des Untergrundes von Behemoth der des Untieres an, so dass hier nichts von den beiden Hauptpersonen ablenkt.

Die mechanisch wirkende Einhängung der Vorderläufe und die blaue Farbe seiner Haut lassen an Metallbehälter denken. Eine metallische Anmutung offenbart auch der Leviathan, dessen schalenförmige Hautpartie des Bauches ebenso wie die Flügel und die grüne Farbe auf Automaten wie den Pisaner Greifen oder auch auf Aquamanilen (Abb. 7) anzuspielen scheinen.[25] Dies steht im Einklang mit dem bereits erwähnten Vers des Buches Hiob (40, 18), in dem das Konzept organischer Metallmaschinen anklingt: „Seine Knochen sind wie eiserne Röhren, seine Gebeine wie eiserne Stäbe". Dass die beiden Ungetüme auch als lebende Automaten zu denken sind, ist umso mehr zu betonen, da Hobbes dieses Motiv später in den Mittelpunkt seiner Deutung des Leviathan als eines lebendigen Automaten stellen wird.[26]

Das Mittelmeer des Opicinus de Canistris

Ein anderes Element der Vision des Hobbes hat der so geniale wie mit surrealer Imaginationskraft ausgestattete Opicinus de Canistris vorweggenommen, der als Begründer einer imaginativen Diagrammatik gelten kann.[27] Dieser in Avignon tätige Kleriker hat auf einer seiner Symbolkarten aus der Zeit zwischen 1335 und 1350 das gesamte Mittelmeer als teuflisches Gewässer dargestellt (Abb. 8).[28] Unter einem aus Tierkreiszeichen gebildeten Kreis und einem umgebenden

---

25 Die Erinnerung an lebendige Automaten wird hier mitschwingen, wie sie seit der Antike durch die Literatur und die Vorstellungswelt der Dichter, Philosophen und Künstler geistern (Hammerstein, 1986; Spuren der Avantgarde, 2008). Vgl. das Adlerpult, Hildesheim (?), um 1220, Hildesheim, Dom-Museum, Inv.-Nr. D 1984-2; in: Bild und Bestie, 2008, Kat. Nr. 54, S. 384–387. Zu Aquamanilen allgemein: Bild und Bestie, 2008. Zum Automaten von Pisa: Müller-Wiener, 2007, S. 153–154. Vgl. allgemein: Hammerstein, 1996; Berns, 1996; ders., 2007; Bredekamp, 2008. Zum metallischen Charakter der Darstellungen des *Liber Floridus*: Poesch, 1970, S. 42.

26 Hobbes, 1991, S. 9; s.o. S. 16. Giorgio Agamben hat kürzlich angenommen, dass Hobbes das Bild des Antichrist als Modell für den Leviathan seines Frontispizes (Abb. 1) genutzt hat (Agamben, 2014, S. 39/41).

27 Einen grundlegenden Neuzugang, verbunden mit einer umfassenden Forschungsgeschichte, stellt Piron, 2015 dar.

Abb. 8: Opicinus de Canistris, Das Mittelmeer als Teufelsfigur, 1335–50, Feder und Bleistift, Rom, Biblioteca Vaticana, Cod. Pal. lat. 1993, Taf. 11. (Anlage in Ost-West-Ausrichtung: rechts unten Gibraltar, in der Mitte der „Stiefel" Italiens)

Oval, bei dem den astrologischen Symbolen je zwei pejorative Begriffe beigegeben sind, liegt das Mittelmeer als Ozean des Bösen.[29] Es besteht aus den Körperteilen des Behemoth und des Leviathan. Gibraltar stellt mit seinen Felsen die Knochen des Behemoth als Eisenröhren und die Gebeine als Eisenstäbe dar,[30] während Sizilien mit dem Ätna wie der siedende Kessel des Leviathan erscheint.[31] Mallorca und die Balearen dagegen bilden die Schenkelsehnen des Behemoth, die inschriftlich jedoch als die des Leviathan ausgewiesen sind.[32]

Behemoth und Leviathan verschmelzen auf diese Weise zu einer Kompositfigur, deren Körperteile den Satan als Wassermann des Mittelmeers bilden. In der aberwitzigen Kartographie des Opicinus ist Hobbes Kompositkörper des Leviathan damit im Prinzip vorgebildet. Hobbes kann diese Vision vermutlich kaum gekannt haben, aber die Ähnlichkeit der Grundanlage ist verblüffend. Was bei Opicinus die kartographischen Elemente einer Gesamtnatur des Bösen darstellt, kippt bei Hobbes um in die choreographisch arrangierte Gemeinschaft der Bürger, die sich zur Riesengestalt des Staates zusammenfügen.

Das eschatologische Festmahl

In den jüdischen Imaginationen des Behemoth und des Leviathan stellen die beiden Untiere die feindlichen Völker dar, die je nach ihrem Lebensgebiet dem Wasser (Leviathan) und dem Land (Behemoth) zugeordnet sind. Der Behemoth verfügt dieser Überlieferung zufolge über die Waffen der Hörner, während der Leviathan seine Flossen zur Erstickung des Feindes nutzt. Der Grund für diese zunächst in der zwischentestamentlichen Zeit entstandenen jüdischen Erlösungsbilder lag in der Umkehrung der ständigen Gefährdung der

---
[28] Zuletzt: Whittington, 2014. Vgl. die klassische Analyse künstlerischer „Schizophrenie" durch Kris, 2000 (1952), S. 118–127.
[29] Salomon, 1936, Tafelband, VII; Textband, S. 182 f.
[30] „ossa velut fistulae eris" (Biblia Sacra, 1982, Hiob, 40, 13 = Bibel, 1985, Hiob, 40, 18). Vgl. Salomon, 1936, Textband, S. 73.
[31] „olle ferventes" (Biblia Sacra, 1982, Hiob, 41, 11 = Bibel, 1985, Hiob, 41, 12). Vgl. Salomon, 1936, Textband, S. 73.
[32] „nervi testiculorum Leviathan" (Biblia Sacra, 1982, Hiob, 40, 12 = Bibel, 1985, Hiob, 40, 17). Vgl. Salomon, 1936, Textband, S. 73.

Abb. 9: Behemoth, Leviathan und Ziz als Nahrung für das Mahl der Gerechten, Biblia Ambrosinana, Buchmalerei, Ulm, 1236–38, Mailand, Biblioteca Ambrosiana, B 32 Inf III-136

jüdischen Existenz. Im Kampf zwischen Behemoth und Leviathan erkannte diese Tradition eine finale Schlacht, die Gott durch die Vernichtung beider Untiere beenden würde.[33]

Den Ausgestaltungen der rabbinischen Midraschim zufolge sollen die Juden zu einem eschatologischen Mahl gebeten werden, bei dem die Reste der Ungeheuer als Zeichen des Beginns des messianischen Zeitalters verzehrt und verwertet würden.[34] Mit dem Riesenvogel Ziz (bzw. Zitz) kommt ein weiteres Monstrum hinzu, welches das

---

[33] Ameinsenowa, 1935, S. 415; Schirmann, 1970; Lehnardt, 2009, S. 108–114, Juhás und Lapko, 2015.

[34] Ginzberg, 1909, Bd. I, S. 28 f. Zu dieser Tradition: Whitney, 2006.

Duo des Behemoth und des Leviathan zu einer Trias erweitert. Gemäß der rabbinischen Offenbarungsliteratur beherrschte dieses dritte Wesen als gefiedertes Ungetüm das Reich der Luft: „Der Ziz ist von ebenso monströser Größe wie der Leviathan selbst. Seine Krallen ruhen auf der Erde, und sein Kopf reicht tatsächlich bis zum Himmel".[35] Seine Flügel sind von einer Spannweite, dass sie ausgebreitet die Sonne verdunkeln. Am Ende aller Tage aber wird auch er beim Mahl der Gerechten verzehrt.

In einer hebräischen, in Ulm[36] in den Jahren 1236 bis 1238 geschaffenen Bibel erscheint im oberen Register der Behemoth als ein ochsenartiges Tier, das sich einem Busch zuwendet, während der Leviathan als zum Kreis gedrehter Fisch vor einem wellenförmigen Hintergrund auftritt. Als ein Greif, der die Grenze zwischen Land und Wasser in der Luft überwindet, vervollständigt Ziz die Trias der Monstra (Abb. 9).[37] Dieses Zusammenspiel verdeutlicht, dass mit der Hinzufügung der Luft alle Elemente der Lebenssphären erfasst sind. Der umgreifende Charakter dieser Übermächte des Bösen ist damit nochmals unterstrichen. Im Gegenzug sind die Lebenssphären des Behemoth und des Leviathan umso verbindlicher auf das Land und das Meer fixiert.

Der Kern der Schöpfung

Zu den mittelalterlichen Deutungsmustern gehören schließlich Vorstellungen, die auf eine andere als die im Alten Testament berichtete Schöpfungsgeschichte zurückgehen. Sie entsprangen Konzepten, denen zufolge die Aufspaltung zwischen Gut und Böse von Beginn an angelegt war. Das Modell stellte die *Historia Scholastica* von Petrus Comestor dar. In ihr entwickelt dieser große Theologe des 12. Jahrhunderts das Bild der sieben Sphären des Kosmos, in denen sich der

---

35 Übersetzt nach Ginzberg, 1909, Bd. I, S. 28 f. Vgl. Fricke, 2013, S. 296.
36 Ginzberg, 1909, Bd. I, S. 29. Vgl. Gutmann, 1968 und Brewer, 1981, S. 151 f. Den wohl weitesten Horizont der mythischen Ableitung und der Bestimmung dieses Riesenvogels hat, wie bereits erwähnt, Kulik anlässlich seiner Analyse der *Baruch-Apokalypse*, die allerdings das Motiv des Festmahls nicht kennt, gezogen (Kulik, 2009, S. 321–327).
37 Ameinsenowa, 1935, S. 416–420; Drewer, 1981, S. 153; Lehnardt, 2009, S. 116.

Abb. 10: Bibel für Matteo de Planisio, Buchmalerei, Neapel, 1352 oder später (?). Vatikan, Biblioteca Apostolica Vaticana, Cod. Vat. lat. 3550. Fol. 5r

Kampf zwischen den Engeln und deren Widersachern, den rebellischen und gefallenen Artgenossen, abspielt.[38] Sie verkörpern mit der Harmonie und der Zwietracht, der Symmetrie und der Störung die Pole der Weltgeschichte. Da es keine von Gottes Allmacht unabhängige Kraft geben kann, muss dieser Prozess als dessen eigenes Werk gedacht werden. Gott selbst habe mit dem Bösen und Widerspenstigen jene Gegenwelt geschaffen, die den Ablauf der Geschichte erzeugt, indem sie bekämpft werden muss.

Eine in der Mitte des 14. Jahrhunderts entstandene, neapolitanische Buchmalerei der für Matteo de Planisio geschaffenen Bibel stellt dieses Geschichtsmodell dar (Abb. 10). Das Textfeld in der mittleren Kolumne zeigt oben die Trinität, die Bücher an bislang nicht identifizierte Personen aushändigt.[39] Am Boden beten ein Franziskaner, verschiedene Tiere sowie Adam und Eva zur Erscheinung Christi in der Mandorla. Der Streifen wird gerahmt durch jeweils fünf Szenen aus der Schöpfungsgeschichte. Die fünf Quadrate auf der linken Seite präsentieren die Trennung von Licht und Finsternis sowie von Land und Wasser, die Erschaffung der Pflanzen, die Installierung der Sterne, der Sonne und des Mondes und schließlich am Boden die Erschaffung der Tiere im Wasser und in der Luft. Auf der rechten Seite werden die Schöpfung Adams und Evas, der Sündenfall, die Vertreibung aus dem Paradies und am Ende das beschwerliche Dasein auf der Erde dargelegt.

Insgesamt scheint es sich um eine geläufige Darstellung des göttlichen Tagewerks zu handeln. Absonderlich wirken allerdings die beiden ersten Quadrate der Schöpfungsgeschichte in der linken Kolumne. Das erste Feld wird oben von Gottvater beherrscht, der mit geöffneten Armen auf den Kosmos weist (Abb. 11). Um die sieben Sphären, die dem Konzept des Petrus Comestor entsprechen, gruppieren sich oben zu zwei Dritteln der Randzone die Engel, während die unteren Zwickel von ihrem Widerpart der gefallenen Engel ausgefüllt sind. Das Wesen in der Mitte des Schöpfungskreises ist bislang als Lamm und damit als Präfiguration Christi gedeutet worden, der am Ende aller Zeiten als Richter auftreten wird.[40] Eine solche Identifizierung ist jedoch nicht möglich, weil die Gestalt in-

---

38 Comestor, 1855. Vgl. Fricke, 2013, S. 293 f.
39 Ebda., S. 291, mit Verweis auf: Magrini, 2005.
40 Bräm, 2007, Bd. 1, S. 403.

Abb. 11: Zweiter Schöpfungstag, Bibel für Matteo de Planisio, Det. aus Abb. 10

nerhalb des Schöpferkreises durch ihren gedrungenen Leib und ihren buschigen Schwanz erkennbar von dem Lamm abweicht, das links oben über dem Rand des Feldes als Verkörperung Christi zu bestimmen ist, dessen Kopf von einem Nimbus umgeben ist.[41]

In der Mitte des zweiten Kreises rollt sich eine mit einem fischförmigen Kopf und einer Schwanzflosse versehene Kreatur ein (Abb. 12), die aus dem jüdischen Buch Hennoch stammt. Im 60. Kapitel dieser apokryphen Überlieferung ist die Rede von den beiden riesigen Ungeheuern des Leviathan und des Behemoth, die geschaffen wurden, um die Allmacht Gottes zu zeigen. Als strafende Kreaturen der Gerechtigkeit agieren sie am Jüngsten Tag: „Und an jenem Tage werden zwei

---

[41] Fricke, 2013, S. 292, 295.

Der Kern der Schöpfung 35

Abb. 12: Erster Schöpfungstag, Bibel für Matteo de Planisio, Det. aus Abb. 10

Ungeheuer ihren Platz zugewiesen erhalten, ein weibliches, mit Namen Leviathan, um im Abgrunde des Meeres zu wohnen, über den Quellen der Wasser; das männliche aber heisst Behemoth, das mit seiner Brust die öde Wüste einnimmt, genannt Dendain, im Osten des Gartens, wo die Auserwählten und Gerechten wohnen, wo mein Ahn aufgenommen worden ist, der siebente seit Adam, dem ersten Menschen, den der Herr der Geister erschaffen hat. Und ich bat einen anderen Engel, dass er mir die Macht jener Ungeheuer zeigen möchte, wie sie an einem Tag getrennt und dahin geworfen wurden, das eine in den Abgrund des Meeres und das andere in die Dürre der Wüste."[42]

---

[42] Flemming und Radermacher, 1901, Kap. 60, 7–9, S. 77. Umfassende Ableitung durch Caquot, 1975.

Erneut sind hier die beiden Wesen der Allmacht Gottes aus dem Buch Hiob aufgerufen, die mit der Erde und dem Wasser unterschiedliche Dominien besiedeln. Im ersten Schöpfungsfeld der Planisio-Bibel beherrscht Behemoth als riesiger Antipode des Lammes die Erde, während der Leviathan im zweiten Feld als Meeresungeheuer wie von einer Wasserblase umschlossen ist. Ihre Sphären bilden den Kern der geschaffenen Welt, und mit dieser Positionierung bilden sie den Gegenpol zum Kreis der Engel im Empyreum.

Bereits dies macht die Darstellung der Planisio-Bibel zu einer besonders eindrucksvollen Imagination der Hiob-Monster. Indem Behemoth und Leviathan den Kern der Welt ausmachen, bieten sie den Untergrund des Bösen, gegenüber dem sich die übrige Schöpfung zu bewähren hat. Sie bilden die Latenz einer Bedrohung, die nicht von außen kommt, sondern von innen her angelegt ist.

Das Ambiente der Planisio-Bibel hat vermuten lassen, dass diese Darstellungen dem jüdischen Entwurf eines evolutionären Kosmosmodells folgen, der die geschaffene Welt als die letzte in einer Reihe von Universen definiert.[43] In Texten der Midraschim ist die Rede von Schöpfungen, die Gott vor der existierenden Welt geschaffen, dann aber verworfen habe: „Er machte verschiedene Welten vor der unsrigen, aber er zerstörte sie alle, denn er war mit keiner zufrieden, bevor er unsere schuf".[44] Die in den beiden Schöpfungskreisen gezeigten Wesen präsentieren im Sinne dieses Evolutionsmodells nicht etwa die jetzige, sondern die von Gott wieder zurückgenommene, vorherige Welt. Die Möglichkeit des Bösen, die sie aus den ersten beiden Kreisen der neapolitanischen Bibel verkörpern, wäre in diesem Fall noch dadurch gesteigert, dass sie als Relikte einer früheren Schöpfung agieren, die Gottes Erwartungen widersprach.[45]

---

[43] Fricke, 2013, S. 299, Anm. 33.
[44] Übers. nach der englischen Wiedergabe bei Ginzberg, 1909, Bd. I, S. 4. Vgl. Fricke, 2013, 299.
[45] Fricke, 2013, S. 298 f.

3. Hobbes, Blake und Breton

Hobbes Politisierung der Hiob-Monstra

Ob als Latenz des Bösen in der existierenden Welt oder als Relikte früherer, missratener Schöpfungen: mit der Situierung des Behemoth und des Leviathan im Zentrum der Erde und des Wassers ergibt sich eine Brücke zu jenen beiden Schriften von Thomas Hobbes, die den Leviathan wie auch den Behemoth im Titel führen. Die Struktur, über die Bildlichkeit unterschiedliche Begriffe der Zeitlichkeit zu formen, ist verwandt.

In der Geschichte der hiobschen Ungeheuer dient das Frontispiz von Hobbes *Leviathan* einer visuellen Strategie, die das Wesen der Zeit festlegt (Abb. 13). Hobbes hat beide Ungeheuer als antipodisch definiert und damit entweder den Zeiten des Friedens oder der Zwietracht zugeordnet. In diesem Sinn ist das Frontispiz ein Agent von Hobbes Politisierung des Zeitbegriffs, die als *politische Ikonologie der Zeit* bestimmt werden kann.[1]

Hobbes hat an die Überlegung angeknüpft, dass im Zeit-Raum der Ordo die Zeit des Interregnums, des Krieges und des Bürgerkriegs unterschwellig als Möglichkeit mitläuft. Mit dem Tod des Königs drohte diese Latenz in das Chaos des Interregnums umzuschlagen. Diesen Prozess verhinderten jedoch jene Staatseffigies, von denen einige Überreste in Westminster Abbey bewahrt sind. An diesen aus Wachs gefertigten Königspuppen entschied sich, ob der Leviathan oder der Behemoth die Deutungshoheit über den Charakter der Zeit gewann.[2] Die humanoide Form von Hobbes Leviathan schloss an ihre menschliche Gestalt an. Mit dieser Adaption verlor der Behemoth seine figurative Attraktivität, weil ein nilpferdähnliches Landtier schwerlich mit einem menschförmigen, lebenden Rie-

---

[1] Bredekamp, 1999, Thomas Hobbes, S. 95–114.
[2] Ebda., S. 97–106.

38 3. Hobbes, Blake und Breton

Abb. 13: Abraham Bosse, Leviathan, Ausschnitt aus Abb. 1

senautomaten zu konfrontieren war. Alle Aufmerksamkeit konzentrierte sich auf Hobbes Bild des Leviathan und dessen Synthese von Maschine und humanoidem Organismus.

Hobbes postum publiziertes Werk *Behemoth oder das lange Parlament* verzichtete daher auf ein entsprechendes Frontispiz. Mit seiner Geschichtsschreibung, die vom langen, von 1640 bis 1660 reichenden Bürgerkrieg in Großbritannien handelt,[3] rechnet Hobbes mit all jenen Kräften ab, die aus seinem Verständnis heraus nicht die Ordnungsmacht des Souveräns gestützt, sondern den Aufruhr angefacht und nach dem Ausbruch weiter angefeuert hätten: Geistliche, Republikaner, Universitäten und Handelsstädte. Sowohl Geschichtswerk wie auch politisches Traktat, fiel das Opus für lange Zeit sowohl aus

---

[3] Hobbes, 1682; ders., 1889; ders., 1990. Zur Editionsgeschichte: Mastnak, 2009, S. 3–9; Schröder, 2015, S. IX–XIII. Zum fehlenden Frontispiz: ebda., S. 23. Zur Frage, ob Hobbes selbst den Titel gewählt hat: ebda., S. 27. Vgl. Schröder, 2015, S. X, XXI f.

dem Rahmen der Historiographie wie auch der Politikwissenschaft heraus.[4]

Gleichwohl ist der *Behemoth* als *Anti-Leviathan*, wie Hobbes ihn im Vorwort bezeichnete,[5] von nicht geringerer Bedeutung für die politische Ikonologie der Zeit wie der *Leviathan* selbst. Im Einklang mit der apokryphen jüdischen Überlieferung, wie sie möglicherweise in der neapolitanischen Bibel zum Vorschein kommt (Abb. 10), ist der Behemoth einer früheren, nicht gelungenen Welt zuzuordnen. Der *Behemoth* des Hobbes ist in diesem Licht mehr als nur eine Beschreibung des Bürgerkrieges; er ist vielmehr die Charakterisierung einer zurückgenommenen Welt, deren erneute Realisierung aber eine permanente Bedrohung bleibt: als tagtägliche Möglichkeit einer Entfesselung von Chaos und Bürgerkrieg. Was in der jüdischen Tradition ein Produkt unterschiedlicher Schöpfungen ist, wird durch Hobbes zu einem in die Jetztzeit verlagerten, differenziellen Charakter der Zeit. Immer dann, wenn der Staat gefährdet war, hatte der *Behemoth* Konjunktur.

Blakes Monstra von Nelson und Pitt

Hobbes staatspsychologische Grundannahme, dass es die Angst sei, die den Menschen dazu bringe, vom Töten und Übervorteilen abzulassen und den in Permanenz geführten Bürgerkrieg zugunsten eines gesellschaftlichen Konsenses aufzugeben, stand von Beginn an in der Kritik. Zwei visuelle Strategien wurden und werden eingesetzt, um Hobbes Argumentation außer Kraft zu setzen. Die erste bestand darin, den Leviathan nicht als Beschützer der Zellen seines Kompositkörpers, sondern als ein Ungeheuer zu definieren, das diese zum Fraß nimmt.[6] Mit seinem Saturn-Bild hat Goya dieser Vision eine schauerliche Form gegeben (Abb. 14).[7] Die zweite sah vor, den

---

[4] Zur erst in den letzten Jahrzehnten sich steigernden Rezeption: Mastnak, 2009, S. 9–15.

[5] Hobbes, 1990, Epistle Dedicatory, S. vi, Text; Holmes, 1990, S. ix, Introduction; vgl. Malcolm, 2007, S. 22 f.

[6] Manow, 2011, S. 134 f.

[7] Zu Goyas Giganten-Darstellungen, die ebenfalls auf Hobbes Leviathan anspielen könnten: Bredekamp, 2003, S. 136–139. Vgl. zu Goya, mit umfassendem Blick auf die politische Ikonologie um 1800 in Spanien, Frankreich

3. Hobbes, Blake und Breton

Abb. 14: Francisco de Goya, Saturn frisst seine Kinder,
Gemälde, 1820–1823, Madrid, Museo del Prado

Leviathan aus Hobbes Transmutation in ein menschähnliches Wesen in jene Form des Seemonstrums zurückzuverwandeln, als das er aus der jüdischen Überlieferung bekannt war.

Wohl niemand hat diesen Schritt radikaler vollzogen als William Blake, der seinen Abscheu gegenüber der europäischen Moderne und deren universalem Imperialismus in unnachahmliche Bilder gefasst hat. Die im Jahr 1794 geschaffene Leitfigur aus der Serie *Europe, a Prophecy* ist der Kreator des Unheils, Urizen aus John Miltons *Paradise Lost*, der mit seinem goldenen Zirkel des Rationalismus die gefallene Welt des Unheils absteckt und den Königen und Priestern jene Gesetze eingibt, mit denen sie die Welt tyrannisieren.[8]

Einer seiner gelehrigen Schüler ist Horatio Nelson, der in der Pose antikischer Nacktheit jene körperliche Geste der klassischen Kunst Griechenlands und Roms aufführt, die Blake als Bildsprache der Imperien verachtete.[9] Nelson steht auf der Drachenschlange Leviathan, die sich von rechts oben her gegen den Uhrzeigersinn um den Heroen windet (Abb. 15). Bei ihrer ovalförmigen Umrahmung des Seehelden erdrosselt sie in immer neuen Umschlingungen eine Reihe von Menschen, um schließlich mit ihrem am rechten Bildrand nach unten gehenden Drachenkopf einen Menschen zu verschlingen. Nelson hält in der Rechten ein Schlangenbündel, während seine Linke ein Band umfasst, das sich lose um den Hals des Leviathan windet.

Auf den ersten Blick scheint Blake mit Nelson, der das Seemonstrum des Buches Hiob besiegt, um als Heiland des britischen Imperiums zu erstrahlen, eine Apotheose des 1805 gefallenen Seehelden intendiert zu haben.[10] Dem widerspricht jedoch, dass Nelson den

---

und Preußen: Janzing, 2012. Es waren immer wieder Potentaten, wie es eine Darstellung Napoleons als Knochengesicht beispielhaft vorführt, die im Kontrast zu Hobbes Leviathan als Menschen verdauende Kompositfiguren gezeigt werden. Diese Praxis wird fortwährend aktualisiert (Barker und Bolton, 2002, S. 132–144). Vgl. auch die Bildbeispiele bei Manow, 2011, S. 133–135. Manow erkennt hier ein Missverständnis: Der Leviathan sei keinesfalls ein „Schreckerreger", gegenüber dem derartige Gegenbilder hätten eingesetzt werden müssen, sondern ein „Schreckunterlaufer" (ebda., S. 135).

[8] William Blake 1757–1827, 1975, S. 132–136; vgl. zuletzt: William Blake (1757–1827), 2009, S. 115 f., 230 f. Kat. Nr. 42.

[9] Almeida und Gilpin, 2005, S. 271.

[10] Lindberg, 1973, S. 304–311. Zur Kritik dieser Sicht: Barlow, 2011, S. 278 f.

Abb. 15: William Blake, The Spiritual Form of Nelson Guiding Leviathan,
ca. 1805–09, Tempera auf Leinwand, London,
Tate Gallery

Abb. 16: William Blake, The Spiritual Form of Pitt Guiding Behemoth, ca. 1805–09, Tempera mit Goldhöhung auf Leinwand, London, Tate Gallery

Leib des Monstrums nicht niederdrückt, sondern als Podest nutzt. Zudem ist das Band, das um den Hals der Drachenschlange gelegt ist, kein Instrument der Bändigung, sondern eher einer lässigen Führung. Nelson leitet den Leviathan nicht, um ihn zu bändigen, sondern um ihn seine Beute finden zu lassen; aus diesem Grund setzt die Drachenschlange das Erdrosseln und Verschlingen unbeirrt fort. Der Admiral, der das britische Empire als Beherrscher der Meere mitbegründet hatte, war für Blake die Inkarnation des Bösen.[11]

Die Darstellung des den Behemoth führenden William Pitt ist nicht weniger horrend (Abb. 16). Der in ein knöchellanges Kleid gehüllte, im Jahr 1806 gestorbene ehemalige Premierminister ist von einem Heiligenschein umgeben, hinter dem sich die Kreisel eines von zahlreichen Figuren erfüllten Wirbelwindes zeigen. Über dem äußeren Ring steigt eine goldene Flamme zu dem von sechs Globen erfüllten Himmel auf, in den links ein sichelnder Gigant und rechts ein sich über den Pflug beugender Riese hineinragt. Die Flamme setzt sich hinter dem aufrecht stehenden Pitt nach unten hin fort, um nach rechts zu einem feurigen Strom zu werden. Aus dem Bett dieses brennenden Flusses steigt am unteren Bildrand nach links der Behemoth mit seinem massigen Leib auf, den Vorderlauf aufsetzend und den Kopf nach oben drehend, um mit seinem aufgesperrten Maul eine Reihe von Menschen zu fressen.

Der schwebende Pitt berührt mit der rechten Zehe den Behemoth, nicht um ihn zu beschweren und gar niederzudrücken, sondern um ihn feinfühlig zu berühren. Entsprechend geht das Zaumseil von seiner Rechten ungespannt zum Nacken des Monstrums. Während das Untier die Menschen mit aufgerissenem Rachen verschlingt, wird es nicht zurückgehalten, sondern lose geführt. Wie der Leviathan, ist auch der Behemoth nicht etwa ein Jagdopfer britischer Heroen, sondern deren Attribut.

Pitt war Blake durch die Feldzüge der Unterwerfung Indiens besonders verhasst: „he is that Angel who, pleased to perform the Almighty's order, rides on the whirlwind, directing the storms of war: He is ordering the Reaper to reap the Vine of Earth, and the Plowman to plow up the Cities and Towers."[12] Seine Linke weist zu

---

[11] Almeida und Gilpin, 2005, S. 276–328. Vgl. Barlow, 2011.
[12] Zit. nach: Almeida und Gilpin, 2005, S. 278.

der Stelle, an welcher der rechts hinter ihm erscheinende Gigant des Krieges seinen Pflug ansetzen soll.

Während Hiob durch das Auftreten des Behemoth und des Leviathan zur Demut und zum Gehorsam gezwungen wird, haben sich Nelson und Pitt dieser Tiere bemächtigt, um ein Reich der Hybris und des Terrors zu errichten. Beide erhalten den Status des Satans und des Antichrist, die in der mittelalterlichen Ikonographie auf dem Behemoth und dem Leviathan aufsitzen. Damit nehmen Nelson und Pitt jene Positionen ein, die im *Liber Floridus* durch Teufel (Abb. 3) und Antichrist (Abb. 4) vorgeführt worden waren.

Blakes Fassung der Hiob-Monstra

Das Gegenbild zu diesen beiden Regenten der zwei Hiob-Monstra, die sich selbst noch die Machtsymbole Gottes zu eigen machen, ist Blakes Darstellung der Hiobgeschichte selbst. Eine im März 1825 vollendete Stichfassung verdeutlicht Blakes Intentionen durch das Zusammenspiel von Bild und Text. Die dem Behemoth und dem Leviathan gewidmete Darstellung zeigt im oberen Streifen den nach unten weisenden Gottvater, hinter dem sechs Sterne aufblitzen (Abb. 17).[13] Begleitet durch zwei Engel, wölben sich die Wolkenformationen zu einer Art Bogen, als würde ihre luftige Konsistenz in die Felsen einer Höhle mutieren.[14] Hiob, seine Frau und seine drei Gefährten Elifas, Bildad und Fofar betrachten unter dieser Wölbung stumm einen Globus, in dessen oberer Hälfte ein massiges Landtier steht, während sein unterer Teil durch eine sich im Meer windende, Feuer speiende Drachenschlange ausgefüllt wird.

Das Bildfeld hält ein breiter, seinerseits figurativ genutzter Rahmen, dessen obere Ecken durch zwei bärtige, geflügelte Alte besetzt sind, während an den beiden unteren zwei Adler sitzen, die ihn mit aufgespannten Flügeln umgreifen. In den an den Seiten und am oberen Rand erscheinenden Wolken sind wellenförmige Inschriften eingelassen, in denen die Bildelemente durch Zitate aus dem Buch Hiob erläutert werden.[15]

---

[13] Wicksteed, 1924 [1910], Nr. XV, S. 172–176; Wright, 1972, Nr. XV, S. 38 f.; Raine, 1982, S. 227–232; Lindberg, 1973, Nr. 15 A, S. 293–298.
[14] Lindberg, 1973, S. 294.

3. Hobbes, Blake und Breton

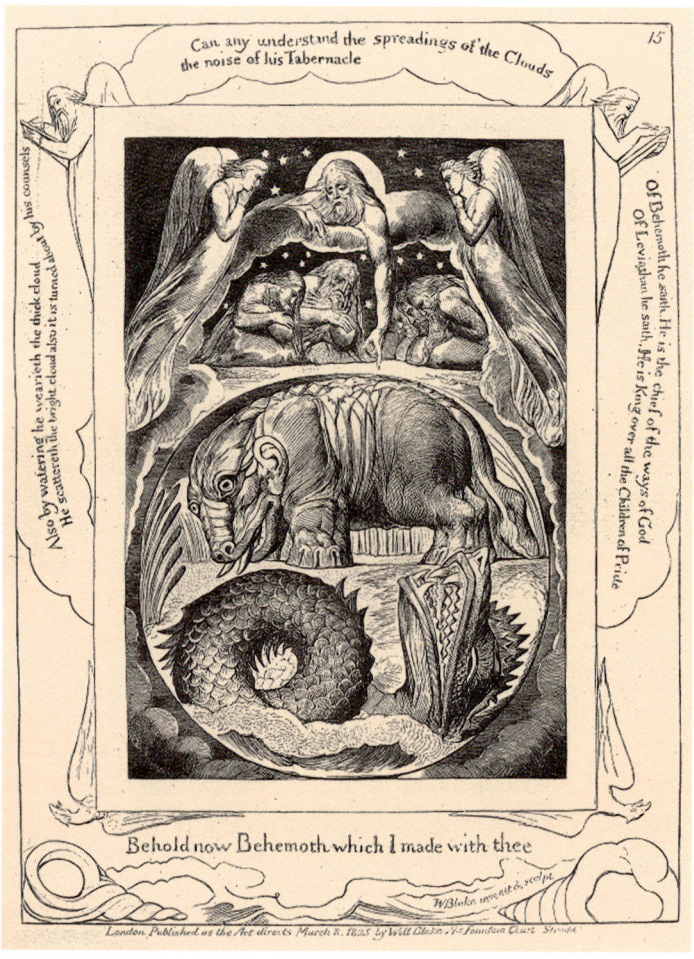

Abb. 17: William Blake, Behemoth and Leviathan, 1825, Stich, London, Tate Gallery

In der oberen Hälfte des Globus imaginiert Blake den Behemoth weitgehend im Einklang mit dem Bibeltext als Landtier (Hiob 40, 15–17). Sein Flechtwerk geht über den Bauch zum Rücken, um dort wie ein gebundenes Wams das gesamte Rückgrat vom Kopf bis zum Schwanz zu bedecken. In den landschaftlichen Attributen der Lotuszweige, die das Tier zu beiden Seiten umrahmen, sowie den weiteren Gräsern und den Fels- oder Baumformationen, die unter dem Bauch des Behemoth sichtbar werden, ist seine Lebenssphäre zwischen Flussufer und Gebirge präzisiert (Hiob 40, 20–23).

Blakes Imagination des Leviathan zeigt das Untier als eine riesige Wasserschlange, die bei ihrer schäumenden Drehung im Wasser ihr textgetreu wiedergegebenes Gebiss zeigt. Die unter seinem Bauch befindlichen „scharfen Spitzen" (Hiob 41, 22) hat Blake ebenso aufgenommen wie das Aufbrodeln des Meeres, das der Leviathan durch seine Bewegungen erzeugt (Hiob 41, 23). Durch seine Heranrückung musste Blake jedoch darauf verzichten, die wie „Silberhaar" aufleuchtende Wasserspur zu zeigen, die der Leviathan hinter sich lässt.

Berühmter als diese mit Texten versehene Stichfassung wurde die frühere Aquarellfassung des Hiob-Zyklus, die Blake zwischen 1805 und 1810 anfertigte,[16] um sie im Jahre 1821 nochmals zu wiederholen (Abb. 18).[17] In der farbigen Gestaltung sind die Bildelemente deutlicher zu erkennen als in der Stichfassung.

In den Reflexionen der Monstra des Buches Hiob haben Thomas Hobbes und William Blake die entscheidenden Akzente für die

---

[15] Die obere Inschrift verweist mit den Wolken und dem Lärm des Donners auf die himmlische Sphäre der Offenbarung (Hiob 36, 29), welche die Flügel der beiden Bärtigen überbrückt, als wäre sie, wie es bei Lesepulten üblich ist, der körperliche Ausdruck der tragenden Figuren. Die linke Inschrift ist eine Selbsterklärung dieser Offenbarungstexte (Hiob 37, 11–12). Die übrigen Texte gelten der Bestimmung der beiden im Wirbelsturm vor Hiob erscheinenden Monstra. Der erste Teil der rechten Inschrift (Hiob 40, 19) bezieht sich auf Behemoth, der unter dem gerahmten Bild ein zweites Mal benannt und damit hervorgehoben wird (Hiob 40, 15): „Behold now Behemoth which I made with thee". Die zweite Zeile der rechten Inschrift zitiert die finale Charakterisierung des Leviathan aus dem Buch Hiob (Hiob 41, 26): „Of Leviathan he saith. He is King over all the Children of Pride".

[16] Zu diesem ersten Versuch und den folgenden Etappen: William Blake 1757–1827, 1975, S. 214.

[17] Lindberg, 1973, Nr. 15 D, S. 299.

Abb. 18: William Blake, Behemoth und Leviathan, 1805–06, aquarellierte Tusche- und Bleistiftzeichnung, New York, Pierpont Morgan Library

nachmittelalterliche Welt gesetzt. Beide waren auf unterschiedliche Weise mit den Vorstellungen der mittelalterlichen Bildwelten verbunden. Der grundlegende Unterschied lag darin, dass Hobbes den Behemoth als Protagonisten des Bürgerkriegs dem humanoiden Leviathan als Macht der Friedensstiftung gegenüberstellte und damit eine neue Deutung der beiden Monstra in die Welt setzte, wohingegen Blake den animalischen und bösen Charakter der beiden Ungeheuer betonte, um damit die Grundorientierung der biblischen und mittelalterlichen Überlieferung zu aktualisieren.

Im Rückgriff auf das mittelalterliche Verständnis ignoriert Blake den Antagonismus, den Hobbes zwischen dem zivilisierenden Leviathan als Inkorporation des menschgestalteten Staates und dem mörderischen Behemoth als Verkörperung des Bürgerkrieges eingeführt hat. Behemoth und Leviathan sind gemeinsam mit Nelson und Pitt als Verbündete in der Entfesselung des Bösen von einer solchen Macht, dass die beiden Monstra als von Gott kreierte Feinde gegen sich selbst nur mit seiner Hilfe besiegt werden können.[18] Nachdem Hobbes das Ziel der Politik als Bändigung des Behemoth durch den menschgeschaffenen Leviathan definiert hatte, musste Blakes Gleichsetzung der beiden Monstra als Mächte des Satans bedeuten, dass eine Befreiung aus den Fesseln des Unfriedens auf göttlichen Beistand angewiesen war. Blake führt die Kritik der imperialen Politik damit zur Legitimation einer politischen Theologie.

Bretons Behemoth als Satan

Nach Blakes Bildprägungen hatte es jeder Versuch schwer, neue Visualisierungen der Hobbes-Monstra zu imaginieren. Dem französischen Zeichner Louis Breton ist es jedoch gelungen, eine Deutung des Behemoth vorzulegen, die auf eine eigene Beachtung stoßen sollte. Er bestimmt dieses Untier als monströsen Elefanten (Abb. 19).[19] Das Mischwesen besteht aus einem mächtigem Elefantenkopf, zwei menschlich wirkenden Armen, die in krallenbewehrte

---

[18] Barlow, 2011, S. 287 f., verweist auf den *Dispensationalism*: eine pseudo-marxistische evangelikale Bewegung.
[19] Der sonst wenig bekannte Künstler hat vorwiegend für den Pariser Verleger Plon gearbeitet (Allgemeines Künstlerlexikon, 1996, Bd. 14, S. 155).

Hände münden, einem kugelförmigen Bauch und Elefantenbeinen, die jedoch nicht in Stümpfen enden, sondern nach vorn ausladen.

Bretons Gestalt ist eine freie Deutung des Behemoth-Artikels, den der französische Okkultismus-Forscher Jacques Albin Simon Collin de Plancy für sein *Dictionnaire Infernal* zusammengetragen hatte. Collin de Plancys Lexikon der Höllenmächte war erstmals im Jahr 1818 erschienen, um im Verlauf des 19. Jahrhunderts eine Reihe von ständig umfangreicheren Auflagen zu erleben. Eingeführt im aufklärerischen Gestus von Denis Diderots und Jean Baptiste le Rond d'Alemberts *Encyclopédie*,[20] hat dieses im Klima der schwarzen Romantik des frühen 19. Jahrhunderts entstandene Opus wie kaum ein zweites zur Verbreitung des Glaubens an die Mächte des Bösen beigetragen. Der knappe Eintrag, der Behemoth als Dämon des Magens und der Völlerei vorstellte,[21] wurde in den verschiedenen Auflagen fortwährend ergänzt, bis er jene Fassung des Jahres 1863 erhielt, deren Popularität durch die Zeichnungen von Louis Breton gesteigert wurde.

Der zugehörige Artikel verrät eine umfassende Kenntnis der verschiedenen Erscheinungsformen des Behemoth, unter denen die des Elefanten favorisiert wird. Collin de Plancy erwähnt zunächst ohne Namensnennung Autoren, die den Behemoth als „éléphant" gedeutet hätten.[22] Vermutlich hat er sich hier auf den im Jahr 1651 veröffentlichten Hiob-Kommentar des Philipp Codurcus bezogen, in dem der Behemoth die Form eines Elefanten annahm, der von einem Drachen, als welcher der Walfisch Leviathan auch auftreten konnte, getötet wird.[23]

Im entscheidenden Passus führt Collin de Plancy die Dämonenlehre des Johan Weyer (Wierus) an,[24] dessen im Jahr 1563 pubiziertes Werk *De Praestigiis daemonum* als Standardwerk für alle Fragen

---

[20] Das Frontispiz zeigt eine Verkörperung des Aberglaubens in Form einer blinden, in von Teufeln bevölkerten Wolken erscheinenden Göttin, die den auf den Boden geworfenen Musen der Kultur mit der Fackel der Brandschatzung den Dolch des Mordes und die Kette der Gefangenschaft bringt (Collin de Plancy, 1818, Frontispiz).

[21] Collin de Plancy, 1818, S. 79 f.

[22] Collin de Plancy, 1863, S. 86.

[23] Codurcus, 1651, S. 326 f.; vgl. Schmitt, 1938, S. 39, Anm. 1.

[24] Weyer, 1563, S. 104 (Kap. XX, nicht, wie Collin de Plancy angibt, Kap. XXI (1863, S. 86). Dass Collin de Plancys *Dictionnaire Infernal* im

Abb. 19: Louis Breton, Behemoth, Anonymer Holzschnitt nach Zeichnung des Künstlers, aus: Collin de Plancy, 1863, S. 86

der Dämonologie und der Satanskunde galt: „Wenn Wierus, unser Orakel was die Dämonen angeht, Behemoth nicht in sein Inventar des höllischen Königtums mit aufnimmt, sagt er (im ersten Buch der Prestiges des Demons, Kapitel XXI), dass Behemoth oder der Elefant sehr wohl auch Satan selbst sein könnte, dem man auf diese Weise unbändige Kraft zuschreibt."[25]

Jahr 1863 erstmals illustriert herauskam, war vermutlich als Reverenz an das dreihundertjährige Jubiläum dieses Werkes gedacht.

[25] „Si Wierus, notre oracle en ce qui concerne les démons, n'admet pas Béhémoth dans son inventaire de la monarchie infernale, il dit, livre Ier, des Prestiges des démons, chapitre XXI, que Béhémoth ou l'éléphant pourrait bien être Satan lui même dont on désigne ainsi la vaste puissance" (Collin de Plancy, 1863, S. 86).

Nach diesen Angaben des Collin de Plancy imaginiert Breton das Bild des Behemoth als monströsen Elefant, dessen gewaltiger Bauch der Bestimmung des Behemoth als Dämon der Gefräßigkeit entspricht. Sein karikaturhaft wie eine Kugel erscheinendes Volumen könnte an die allgemeine Bestimmung als Satan erinnern, der die Welt verschlungen und zur Hölle gemacht hat.

4. Tönnies, Schmitt und Neumann

Tönnies Rehabilitierung von Hobbes *Behemoth*

Es war lediglich ein Intemezzo, dass die Bilder des Behemoth um 1900 negiert, wenn nicht gar ausgetrieben werden sollten. Diese Gegenposition wurde implizit von einem der Begründer der deutschsprachigen Soziologie, Ferdinand Tönnies, vertreten. Tönnies hat die bis heute wirksame Rehabilitierung des Hobbes eingeleitet, indem er nicht nur den *Leviathan* neu gedeutet,[1] sondern auch den *Behemoth* des Hobbes behandelt und modern ediert hat.[2] In seiner im Jahr 1896 publizierten Darstellung des Lebens und der Schriften von Hobbes unterzog er auch dessen Alterswerk einer Würdigung, in welcher der *Behemoth* einen besonderen Stellenwert erhielt.[3] Dieses politische Lehrstück wird bei Tönnies zu einem Monument der „rationalistischen" Geschichtsbetrachtung: um den Preis, dass die mythische Bildmetapher des Titels keine Rolle mehr spielt.[4]

Wenn Hobbes durch Tönnies als Rationalist rehabilitiert wurde, dann bedeutete dies jedoch nicht, dass seine mythischen Elemente neutralisiert worden wären. Tönnies Hoffnung, einer auf skepti-

---

[1] Tönnies, 1912.
[2] Tönnies, 1889.
[3] Tönnies gelingt eine präzise Verknappung: „Der Titel macht das Werk als ein Gegenstück zum ‚Leviathan' deutlich: Der Staat das eine Ungeheuer, die Revolution das andere. Das Büchlein enthält vielleicht die erste rationalistische Betrachtung der neueren Geschichte, in dem Sinne, wie sie später durch *Voltaire* populär wurde: auf bewusste Priesterlist wird die Macht der Kirche zurückgeführt; deren einflussreichstes Werkzeug sind die Universitäten; die Ursache der Niederlage des Königs sieht er, außer in der Abhängigkeit desselben von der Kirche und insbesondere der intoleranten Politik *Lauds*, hauptsächlich in dem Mangel eines großen stehenden Heeres, dessen Ausbildung und Besitz *Cromwells* Feldherrntalent die Herrschaft geben musste; und mit der Stimmung des Heers rotiert die souveräne Gewalt" (Tönnies, 1896, S. 62 f.).
[4] Zu Tönnies Sicht: Mastnak, 2009, S. 20.

schem Rationalismus begründeten Theorie der Gemeinschaft zum Durchbruch zu verhelfen, wurde durch den Ersten Weltkrieg zu einer Illusion. Die beiden Monstra des *Behemoth* und des *Leviathan* trieben als Metaphern politischer Konstitutionen umso wirkmächtiger durch die Welt der politischen Theorien.

Schmitts Rekonstruktion der Monstra

Carl Schmitt, der Tönnies Zugang zu Hobbes zum Ausgangspunkt seiner eigenen Überlegungen machte, hat im Gegensatz zu seinem Anreger die Bildkraft der beiden Wesen des Buches Hiob als solche ernst genommen und kritisch bewertet. Schmitts Argumentation ist kompliziert und nicht ohne Widersprüche, erlaubt aber einen essentiellen Blick auf die Eigenmacht politischer Bildmetaphern. Vor allem wird deutlich, dass er diese nicht nur rekonstruiert, sondern auch aktualisiert. Die Esoterik der Bilder wurde Schmitt zur Quelle seiner eigenen, teils esoterischen Ausdrucksfähigkeit, und bereits hierin lag ihr prekärer Zeitbezug.[5]

Schmitts Überlegungen mündeten zunächst in der im Jahr 1938 publizierten Schrift *Der Leviathan in der Staatslehre des Thomas Hobbes. Sinn und Fehlschlag eines politischen Symbols*, die zu seinen irritierendsten und bis heute kontrovers diskutierten Werken gehört.[6] Schmitt zufolge liegt Hobbes Leistung darin, den Staat als eine Schutz gewährende Macht erdacht zu haben, die eine Trennung von Maschine und Organismus nicht kenne. In dieser Doppelbestimmung sei der Staat in der Lage, sich selbst genügsam zu sein, um seine Autorität aus dieser Autonomie heraus über die wechselnden Konzepte von Wahrheit stellen zu können. Diese seien immer interessengeleitet, wohingegen er selbst eine strikte Neutralität verfolgen

---

[5] Hasan-Rokem, 2008, hat Schmitt in diesem Verfahren gemeinsam mit Hobbes als „midrashic exegetes" der biblischen Texte gedeutet (S. 6), wobei Schmitt aber nicht verstanden habe, wie sehr ihm Hobbes in dieser literarischen Methode nahe gestanden habe (S. 11). Schmitt ist aus dieser Sicht ein antijüdischer Adept der Midraschim. Der vielleicht gründlichsten Kritik von Schmitts Präsentation der Quellen (Mastnak, 2010), die in philologischer Hinsicht nicht kritisiert werden soll, kann entgegengehalten werden, dass diese literarische Technik nicht berücksichtigt wurde.

[6] Schmitt, 1938.

müsse. Allein in dieser Bestimmung könne er das Bündnis von Schutz und Gehorsam fordern und realisieren. Hobbes habe seine eigene Konstruktion jedoch insofern selbst geschwächt, als diese auf das äußere Agieren und die Treue gegenüber dem Gesetz, nicht aber auf das Innenleben ziele. Mit dem Unterschied zwischen Innen und Außen, privat und öffentlich sei ein Schutz des Individuums intendiert gewesen, der jedoch zu einer Stärkung partikularer Mächte geführt habe, die den Staat entscheidend unterhöhlt hätten.[7]

In diese Deutung war Schmitts Auseinandersetzung mit den Monstra aus dem Buch Hiob verwoben. Mit Blick auf das Bild des Leviathan bestimmt Schmitt bereits in seinen ersten, vielfach zitierten Sätzen, dass in der „überaus reichen Geschichte der politischen Theorien [...] dieser Leviathan das stärkste und mächtigste Bild" sei.[8] Er geht dem „ganz ungeheuerlichen" Reichtum der Verwandlungen dieses mythischen Tieres der politischen Theorie nach, um die Hobbessche Lösung dem Behemoth gegenüberzustellen: „Der Staat ist nach Hobbes nur der mit großer Macht fortwährend verhinderte Bürgerkrieg. Danach verhält es sich so, dass das eine Ungeheuer, den Behemoth ‚Revolution', andauernd niederhält. Der staatliche Absolutismus ist demnach der Unterdrücker eines im Kern, nämlich in den Individuen, ununterdrückbaren Chaos."[9] Als lebendige Maschine entfaltet der Leviathan den „höchsten Grad mythischer Wirkungskraft."[10]

In seine knappe Einleitung hat Schmitt wesentliche Züge der Begriffsgeschichte des Behemoth eingefügt. Trotz aller berechtigten Kritik[11] und trotz mancher Fehldeutungen[12] und vertaner Assozia-

---

[7] Schmitt, 1938, S. 85. Vgl. Groh, 1998, S. 41–43.
[8] Schmitt, 1938, S. 9.
[9] Ebda., S. 34.
[10] Ebda., S. 76.
[11] Mastnak, 2010.
[12] So hat sein Hinweis auf die Bestimmung der beiden Hiob-Monstra als Teufel und Antichrist im *Liber Floridus*, die auch als Konkretionen seiner Grunddefinition des Feindes als der Bedingung aller politischen Reflexion gelten können, zu kurz gegriffen. Dass die Erscheinung des Behemoth „hier wohl nur die ‚Welt', nicht eine apokalyptische Figur bedeutet", trifft nicht zu. Der erhobene, wie eine eigenbewegte Schlange zum Rücken des Teufels emporgerichtete Schwanz des Behemoth bedeutet, wie erwähnt, das Zei-

tionsmöglichkeiten¹³ bleibt seine Zusammenstellung bemerkenswert.¹⁴ Für sein eigenes Verständnis sind seine Aktualisierungen wie etwa die Deutung der strangulierenden Kraft der Flossen des Leviathan als Metapher der Seeblockade von besonderer Bedeutung.¹⁵ Dies gilt vor allem für die Visionen der jüdischen und insbesondere rabbinischen Tradition, die Schmitt als von „einer oft geradezu magischen Intensität" bewertet.¹⁶ Insbesondere seine Erwähnung des eschatologischen Gastmahls (Abb. 9) zeigt, dass er jene apokryphe Überlieferung, der zufolge der Behemoth das Land, der Leviathan das Meer und der Vogel Ziz die Luft beherrsche, unmittelbar auf die

---

chen, mit dem das Ende aller Zeiten angekündigt wird (Poesch, 1970, S. 47, Anm. 31). Schmitt, 1938, S. 13, Anm. 1, bezieht sich auf den Artikel zum *Antichrist* im *Reallexikon der deutschen Kunstgeschichte* (in der Ausgabe von 1983: Erich, 1983, col. 723, 726). Die beiden Monstra sind Protagonisten eines eschatologischen Geschichtsbildes, das ihnen selbst das Ende bereiten wird. Beide sind Zeichen des Bösen, und hierin bleiben sie als Widersacher Gottes die Verweise auf dessen unbegreifliche Macht. Schmitts Begrenzung ihrer Geltung allein auf die „Welt" widerspricht in diesem Punkt seiner eigenen Begrifflichkeit.

13 So verdeutlicht Schmitts Erwähnung des Opicinus de Canistris, dass ihn dessen Mittelmeer-Karte (Abb. 8) als Komposit der beiden Hiob-Monstra beschäftigt hat, sie wäre jedoch die strukturale Nähe des Mittelmeerbildes zum Kompositkörper des Frontispizes von Hobbes *Leviathan* thematisiert hätte. Angesichts von Schmitts Erwähnung des Opicinus de Canistris beeindruckt, dass er bei der Zitation seiner Quelle – Richard Salomons grundlegende Arbeit aus dem Jahr 1936 –, nicht versäumt, die Reihe zu zitieren, die mit diesem Buch ihren ersten Band vorlegte: *Studies of the Warburg Institute*. Damit hat er jene Bibliothek aufgeführt, die 1933 nach London emigrieren musste, um seitens des *Völkischen Beobachters* nachgerufen zu bekommen, dass sie der „Beachtung" nicht mehr wert sei: „Wir lehnen es ab, den Herren und Damen, denen es bei uns nicht mehr gefällt und die von ferne zischen, unsere Beachtung und unser Geld zu schenken" (Völkischer Beobachter, zit. nach: Kosmopolis der Wissenschaft, 1989, S. 298).

14 Hierzu gehört etwa auch die Aufnahme von Codurcus Argumentation (Schmitt, 1938, S. 38 f.), wobei er durch den Umstand, dass Hobbes *Leviathan* im selben Jahr wie Codurcus Werk erschien, an die Parallele der Denkbewegung gedacht haben mag: bei Codurcus wie Hobbes ist es der Leviathan, der den Behemoth besiegt oder besiegen soll.

15 Schmitt, 1938, S. 18.
16 Ebda., S. 16.

eigene Zeit bezog.[17] Zwei Jahre nach dem *Leviathan*-Buch, am 3. November 1940, schrieb er an Ernst Jünger, dass ihn dieser im Januar des folgenden Jahres besuchen solle: „das inbrünstige Geheul, mit dem der Behemoth nachts den großen Vogel Zitz begrüßt, wird Sie nicht stören".[18] Jüngers Antwort verdeutlicht, dass er dessen Sinn, die Prüfung des Hiob durch Behemoth und Leviathan um einen bedrohlichen Vogel zu erweitern und solcherart auf den Deutschland erreichenden Luftkrieg zu beziehen, sofort erfasst hat. Jünger verstand die Anspielung auf das Landmonstrum Behemoth und das Luftwesen Ziz als Hinweise auf die britischen Flieger und die Flugabwehr.[19]

Die vielleicht abgründigste Quelle von Schmitts Durchgang durch die Begriffs- und Bildgeschichte der Hiob-Monstra in seinem *Leviathan*-Buch von 1938 betrifft die Literatur zur Existenz voradamitischer Menschen.[20] Schmitt zitiert mit Isaac de La Peyrère die Autorität der bis in die Antike zurückreichenden Vorstellung einer vor Adam geschehenen ersten Schöpfung des Menschengeschlechts. In Genesis 1,27 war in der Septuaginta von „Mensch" die Rede, wohingegen erst Gen. 2,16 konkret von „Adam" sprach. Hieraus schloss Peyrère, dass im Begriff des „Menschen" die Heidenvölker

---

[17] Schmitt, 1938, S. 18. Agamben spricht hier insofern von einer „antisemitischen Fälschung" Schmitts, als er den Kampf zwischen Behemoth und Leviathan aus der „kabalistischen" Tradition ableite, die jedoch eine talmudische sei, und vor allem hinzuerfinde: „Die Juden aber stehen daneben und sehen zu, wie die Völker der Erde sich gegenseitig töten" (Agamben, 2014, S. 41, mit Verweis auf Schmitt, 1938, S. 18 [nicht 17, wie angegeben]. Vgl. ähnlich Groh, 1998, S. 28). Schmitts Äußerung ist jedoch keineswegs aus der Luft gegriffen, sondern eine Zusammenstellung der Ereignisse vor dem eschatologischen Mahl der Gerechten, wie es durch Ameisenowa wiedergegeben wurde. Es findet „nach den blutigen Kämpfen zwischen den Völkern" (Ameisenowa, 1935, S. 416) wie auch nach dem „Kampf zwischen den beiden Urtieren" (ebda., S. 417) statt.

[18] Jünger und Schmitt, 2012, S. 107.

[19] „Unter den großen Vögeln kenne ich nur den Greif, den Phoenix und den Rukh. Sollten die Juden ihn neben Leviathan und Behemot, die Land und Meer beherrschen, als Gebieter der Lüfte voraus geahnt haben? Wie alle Zeiten, die seitdem gewesen sind, will man ja auch die unsere in der Bibel beschrieben finden; so sollen die Flieger die Heuschrecken der Apokalypse sein" (Jünger und Schmitt, 2012, S. 107).

[20] Schmitt, 1938, S. 38.

gefasst seien, von denen etwa die Isländer, Grönländer und Indianer sowie im Prinzip alle nicht-jüdischen Völker abstammten; erst danach sei mit den Stammeltern Adam und Eva das jüdische Volk geschaffen worden. Peyrère entwickelte dieses Muster einer frühen Ethnologie über eine Auslegung der Verse 12–14 des fünften Kapitels im Römerbrief des Paulus, in denen es heißt, dass die Sünde bereits vor Adam auf der Welt gewesen sei. Dieses Evolutionsmodell wurde als Frontalangriff auf die biblische Schöpfungsgeschichte bewertet. Peyrères Abhandlung wurde verboten; er selbst kam ins Gefängnis und wurde zum Übertritt vom Calvinismus in die katholische Kirche genötigt.[21]

Für Schmitt war Peyrères Werk ein Zeugnis der Voraufklärung im Umkreis von Spinoza und Hobbes. Die Durchschichtung der Menschheit in die Nachkommen vor- und nachadamitischer Populationen muss ihn als Gleichnis unterschiedlicher politischer Zeitbestimmungen, wie sie über die rabbinische Überlieferung Eingang auch in die Buchmalerei gefunden hatten (Abb. 10), ebenso fasziniert haben wie Peyrères Hinweis auf chaldäische Magier, die den Leviathan „zitieren" konnten.[22]

Schmitts Kritik von Hobbes *Leviathan*

Ausgerüstet mit diesen begriffs- und bildgeschichtlichen Bezügen, mündet Schmitts Analyse von Hobbes Bild des Leviathan in die Überzeugung, dass es ebenso großartig wie verfehlt sei. Auch in diesem Zugang mischt sich die Rekonstruktion mit der Aktualisierung. In Schmitts Angriff auf Hobbes Frontispiz verdichtet sich seine Kritik an dessen Staatsbegriff.

Zunächst habe Hobbes die Elemente verwechselt: nicht das Meer sei die prädestinierte Sphäre des Staates, sondern das Land, und daher müsse Hobbes *Leviathan* an sich den Titel *Behemoth* tragen.[23]

---

[21] Peyrère, 1655. Hierzu: Pietsch, 2012, S. 93–96.
[22] Schmitt, 1938, S. 38, mit Verweis (Anm. 1) auf Leo Strauss Würdigung von Peyrère als Vorläufer von Hobbes (Strauss, 1930, S. 32–61).
[23] Schmitt, 1938, S. 122. Auch in einem Vortrag des Jahres 1941 hat Schmitt betont, dass Hobbes nicht dem Untier der See die Konstruktion des Staates hätte zuschreiben sollen, sondern dem des Landes, auf dem

Dies gelte, wie Schmitt mit Verweis auf den Anti-Aufklärer Johann Georg Hamann ausführt, auch für dessen Kritik.[24] In seinem Artikel *Das Meer gegen das Land* aus dem Jahr 1941 hat Schmitt die Grundidee seines *Leviathan*-Buches in die berühmt werdende Formel gefasst, der von Hobbes widersinnigerweise als Leviathan bezeichnete Staat werde „bald zu einer historischen Erinnerung geworden sein"; er sei am „Ende".[25] Hobbes Staatsidee, erdacht, den Frieden mit Hilfe des staatlichen Machtmonopols zu sichern, sei durch den Angriff der *Potestas indirecta*, wie sie von den Kirchen und Parteien repräsentiert werde, von innen her aufgelöst und besiegt worden.[26]

Schmitts Kritik an Hobbes führt zum selben Ergebnis wie Blake es imaginiert hatte. Schmitt belässt die Bezeichnung des Staates als Leviathan, verwandelt diesen aber aus seiner Gestalt als riesiger Mensch zurück in jenes Seemonster, als das es im Buch Hiob aufgetreten war. Konsequent erscheint am Ende des Buches von 1938 ein Riesenfisch. In Analogie zur These vom Ende des Staates ist dieser aber gefangen; sein Kopf ist verdreht, und aus seinem geöffneten Maul ragt ein Haken (Abb. 20).[27] Dieser visuelle Schlusspunkt, den der Schutzumschlag wiederholt (Abb. 21), ist als Gegenbild zum Frontispiz von Hobbes *Leviathan* in Szene gesetzt, das Schmitt eigens reproduziert.[28]

---

erstmals eine staatliche Ordnung geglückt sei: „Das Buch müßte daher, wenn Hobbes wirklich mit den mythologischen Bildern der großen Tiere als Symbole der Elemente Ernst gemacht hätte, nicht nach dem Seetier Leviathan, sondern nach dem Landtier Behemot heißen" (Schmitt, 1995, Staat, S. 416f. Der Herausgeber [ebd., S. 429] verweist neben weiteren Ausgaben auf den Erstdruck, in: Schmitt, 1941, Reich. Zuvor war der Vortrag bereits in italienischer Sprache erschienen: ders., 1941, Sovranità).

[24] Schmitt, 1938, S. 93. Der Herausgeber der Ausgabe von 1982 verdeutlicht Hamanns Verdammung des Staates Friedrichs des Großen als eine rationale Maschine der Aussaugung damit, dass er ihn mit dem Behemoth des Buches Hiob identifiziert: „Siehe, er schluckt in sich den Strohm, und acht's nicht groß, lässet sich dünken, er wolle den Jordan mit seinem Mund ausschöpfen" (Hamann, 1956, S. 83, nach Hiob 40, 23; nach Maschke, 1982, S. 218f.).

[25] Schmitt, 1995, Staat, S. 398. Zur Erstausgabe und zu den folgenden Fassungen: Maschke, 1995, Anhang, S. 400. Vgl. Balke, 1996, S. 339.

[26] Schmitt, 1938, S. 116f., 127.

[27] Ebda., S. 132.

Abb. 20: Fisch am Haken, Schlussbild in Carl Schmitt, Leviathan, 1938, Ausschnitt aus Abb. 26

Die Quelle dieses Bildes hat Schmitt an anderer Stelle seines *Leviathan*-Buches angeführt. Es handelt sich um die „herrliche Zeichnung" einer Darstellung aus dem *Hortus Deliciarum* Herrad von Landsbergs aus dem späten zwölften Jahrhundert (Abb. 22),[29] welche die exegetische Literatur als Beispiel der „Täuschungstheorie" gedeutet hatte.[30] In diesem Rahmen ist die Zeichnung von eminenter politischer Bedeutung, da sie das Medium der Täuschung als legitimes Mittel zur Überwindung des Feindes ausweist, als *dissimu-*

---

[28] Schmitt, 1938, S. 27. Allerdings hat er nicht das Original, sondern „der besseren Deutlichkeit wegen" den Nachdruck von 1750 genutzt. Offenbar hatte Schmitt zum Vergleich nur ein abgenutztes Exemplar der Erstausgabe oder von deren Nachdrucken zur Hand. Bosses Erstdruck wird in Klarheit und Lebendigkeit von keinem der Nachdrucke erreicht (vgl. zu den verschiedenen Fassungen Bredekamp, 1999, Thomas Hobbes, S. 20–31).

[29] Herrad of Landsberg, 1901, Taf. XXIV, S. 86/87.

[30] Schmitt, 1938, S. 15; Zellinger, 1925, S. 165 f.

Abb: 21: Schutzumschlag von Carl Schmitt, Leviathan, 1938

lazio onesta.³¹ Der Teufel war dadurch überlistet worden, dass ihm der Gottessohn in Menschgestalt erschienen war, so dass er sich traute, diesen anzugreifen und an das Kreuz zu bringen. Im selben Moment musste er jedoch erkennen, dass er es mit Gott selbst zu tun hatte. Am Leviathan wurde nun vollzogen, was Gott Hiob höhnisch gefragt hatte (40, 25–26): „Kannst du den Leviathan fangen mit der Angel und seine Zunge mit einer Fangschnur fassen? Kannst du ihm ein Binsenseil an die Nase legen und mit einem Haken ihm die Backen durchbohren?":³² Herrad zeigt, wie Gott selbst dies mit Hilfe einer Angel vollzieht, deren Medaillons die Linie von Adam über die Patriarchen bis zu Christus als dem Triumphator bilden. Dieser erscheint an einem Kreuz, dessen unteres Ende in einem spitzen Haken fortgeführt wird, der durch das Maul des Fischwesens als dem Symbol der unbesiegbaren Meere und damit des Abyssus dringt.

---

31 Danneberg, 2006.
32 Zellinger, 1925, S. 167.

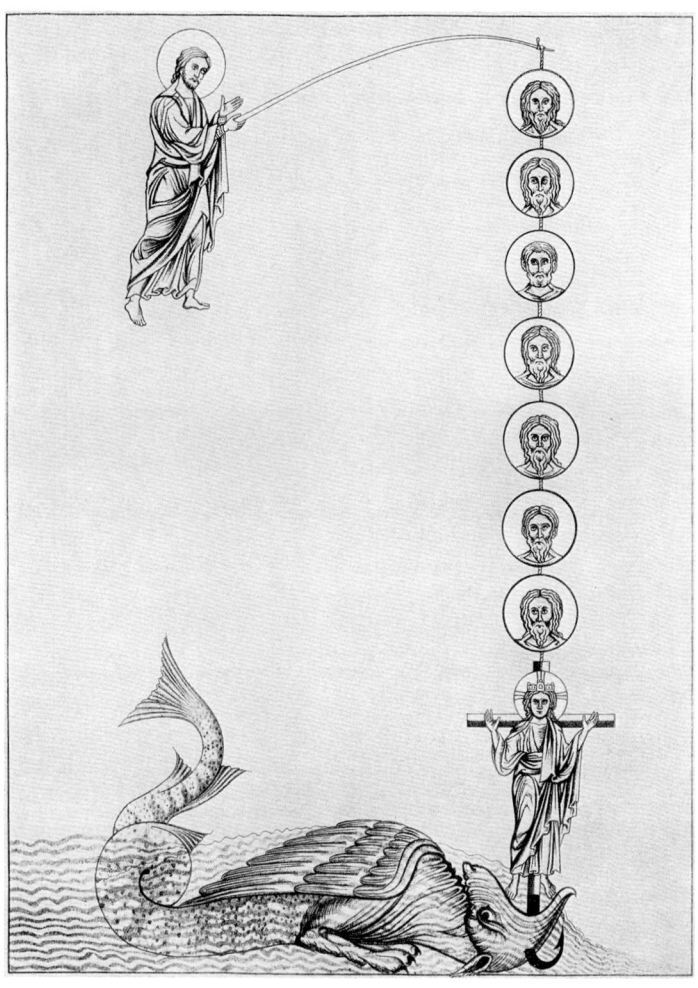

Abb. 22: Herrad von Landsberg, um 1180, Buchillumination des Hortus Deliciarum, Umzeichnung des verlorengegangenen Originals durch Ch. Schmidt, Ende 19. Jahrhundert

Hier ist die Vorstellung angelegt, dass Gott das Monstrum nicht am Ende aller Tage besiegt, sondern ihn zu einer Art Haustier gebändigt hat, das er je nach Gutdünken lenkt und mit dem er „spielt" wie mit domestizierten Vögeln und Schoßhündchen (40, 29): „Kannst du mit ihm spielen wie mit einem Vogel oder ihn für deine Mädchen anbinden?":[33] Das Motiv der spielerischen Entschärfung wird Schmitt später als Metapher für den zahnlos gewordenen Staat werten, der eingehegt und zur Schau gestellt wird: „Der Leviathan im Aquarium, der Behemoth im Zoo."[34] Wie immer die Verbildlichung des Staates gefasst wird, als Behemoth oder als Leviathan, in alttestamentlicher Gestalt oder gemäß der Umdeutung durch Hobbes: der Staat der Hobbesschen Prägung ist für Schmitt am Ende. Das Schlussbild zeigt, wie er als Meerestier gejagt und erlegt wird. Es ist ein trauriges Verenden, kontextlos und einsam.

Als Schmitts erstmals im Jahr 1938 veröffentlichtes *Leviathan*-Buch im Jahr 1982 nachgedruckt wurde, kam im Anklang an dieses Emblem nicht das Staatsbild von Hobbes auf das Cover, sondern ein verendetes Seemonstrum in Gestalt von Hendrick Goltzius Radierung *Der angespülte Fisch* (Abb. 23).[35] Offenkundig wollte der Herausgeber, der dieses Buch gegen den Widerstand seines eigenen Verlages und zahlreicher Gegner von Schmitt durchgesetzt hatte, dem Autor zur Seite springen. Und damit hat er jener Ikonographie, die vom Mittelalter über Blake bis zu Schmitt führt, ein eigenes Motiv beigesteuert.

Neumanns *Behemoth*

Die Bewertung von Schmitts *Leviathan* des Jahres 1938 wird kaum an ein Ende kommen können, weil das Buch immer neue und vorschnellen Urteilen widersprechende Aspekte hervortreten lässt. Wenn Schmitt die innere Aushöhlung des Staates vornehmlich liberalen jüdischen Philosophen wie Spinoza zuschreibt,[36] liegt nahe,

---

[33] Zur Kategorie des Spiels: Gunkel, 1921 [1895], S. 50–57. Vgl. zur rabbinischen Tradition: Lehnardt, 2009, S. 120 f. sowie zum Talmud, in dem Gott mit Leviathan Sport treibt: ebda., S. 124.
[34] Schmitt, 2015, S. 162 (14.1.1949).
[35] Schmitt, 1982.
[36] Schmitt, 1938, S. 89.

Abb. 23: Hendrick Goltzius, Der angespülte Fisch, vor 1600, Titelbild zu: Carl Schmitt, Der Leviathan in der Staatslehre des Thomas Hobbes, 1982

dass er dem herrschenden Antisemitismus ein weiteres Stichwort liefern wollte. Andererseits hat er neben Hobbes wohl keinem zweiten Philosophen größeren Respekt gezollt als eben Spinoza,[37] und auch im *Leviathan* vermeidet Schmitt, dessen Größe auch nur ansatzweise in Frage zu stellen. Auch in anderen Zusammenhängen hat er Spinoza als politischen Philosophen geschätzt, wenn nicht verehrt.[38]

Zum verwickelten Bild des *Leviathan* von 1938 trägt auch seine kryptische Rezeption bei, wie sie Franz L. Neumann vollzogen hat. Mit ihm kam ein emigrierter Soziologe zur selben Zeit, zu der Schmitt den Leviathan Hobbesscher Prägung dem „Ende" entgegen-

---

[37] Herrich und Lauermann, 1991.
[38] Lauermann, 2000, S. 85 f.

gehen sieht, zu einem ähnlichen Schluss. Obwohl Sozialist, war Neumann mit Schmitt zur Zeit der Weimarer Republik respektvoll verbunden. Neumann verteidigte seit dem Sommer des Jahres 1932 die Sozialdemokratische Partei Deutschlands als Syndikus. Im September des Jahres bat er Schmitt um Fürsprache und Unterstützung für seinen Plan einer Habilitation an der Technischen Hochschule Berlin.[39] Bei dieser Gelegenheit bekundete Neumann, dass er auch nach zweimaliger Lektüre von Schmitts *Legalität und Legitimität* „in den kritischen Teilen des Buches" mit diesem „restlos" übereinstimme. Den Widerspruch von Freund und Feind interpretierte Neumann als den zwischen Arbeit und Kapital, der im Rahmen des bürgerlichen Rechtsstaates nicht zu lösen sei.[40]

Nachdem Neumann im Zuge der Machtergreifung der Nationalsozialisten verhaftet und sein Büro von der SA besetzt wurde, emigrierte er Anfang Mai 1933 nach London.[41] Es gelang ihm, an der Londoner *School of Economics* politische Wissenschaften zu studieren und 1936 in das von Max Horkheimer geleitete New Yorker *Institute for Social Research* einzutreten. Dort legte er im Jahr 1942 mit seinem *Behemoth* jene umfassende Strukturanalyse der Naziherrschaft vor, die zugleich eine Zerfallsbetrachtung der Weimarer Republik war (Abb. 24; Abb. 25).[42] Mit Bezug auf Hobbes gleichnamiger Analyse von Rechtlosigkeit und Anarchie erläutert Neumann in manifesthafter Klarheit, warum das Buch den Titel *Behemoth* erhielt: „Since we believe National Socialism is – or tending to become – a non-state, a chaos, a rule of lawlessness and anarchy, which has ‚swal-

---

[39] Mehring, 2007, S. 63f. Zum Lebenslauf Neumanns: Stiefel und Mecklenburg, 1991, S. 107–109, mit weiterer Literatur.

[40] Zit. nach: Mehring, 2007, S. 63. Vgl. auch den Eintrag in Schmitts Tagebuch vom 4. 8. 1931: Schmitt, 2010, S. 129f.

[41] Intelmann, 1990, S. 24.

[42] Neumann, 1942; ders., 1944. Das Exemplar der Humboldt-Universität erzählt mit seiner Herkunft aus der „Richard-Löwenthal-Bibliothek" und dem Besitzstempel des Instituts für Sozialwissenschaften eine eigene Geschichte. Der Leser fragt sich unwillkürlich, ob dieser Emigrant, der das Otto-Suhr-Institut der Freien Universität seit seiner Berufung im Jahr 1961 maßgeblich prägen sollte, wusste, dass sein Exemplar das Institut für Sozialwissenschaften der Humboldt-Universität zieren würde, das nach der Wende in jener Straße unterkam, die nach der deutschen Gefährtin Lenins, Clara Zetkin, benannt war.

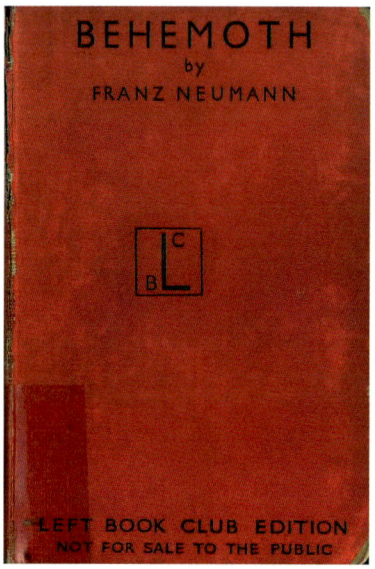

Abb. 24: Titelseite von Franz L. Neumann, Behemoth, 1942

lowed' the rights and dignity of man, and is out to transform the world into a chaos by the supremacy of giant land masses, we find it apt to call the National Socialist system *The Behemoth*."[43]

In einer Argumentation, die in Deutschland erst in den neunziger Jahren rezipiert wurde,[44] suchte Neumann zu zeigen, dass die Zeit der nationalsozialistischen Herrschaft zu einem Sieg des antistaatlichen Monstrums geführt habe. Der während des zweiten Weltkrieges sich ereignende Triumph des Behemoth habe eine gleichsam staatsfreie, auf Gewalt und Propaganda gegründete Diktatur hervorgebracht. Der Zerfall der Staatsgewalt sei zu einem Vierkampf zwischen Bürokratie, NSDAP, Wehrmacht und Wirtschaft geraten. Die Terrorherrschaft des Behemoth sei als horizontales Zusammenspiel von vier gegeneinander agierenden und zugleich gemeinsam unterdrü-

---

[43] Neumann, 1942, S. 5.
[44] Bast, 1999.

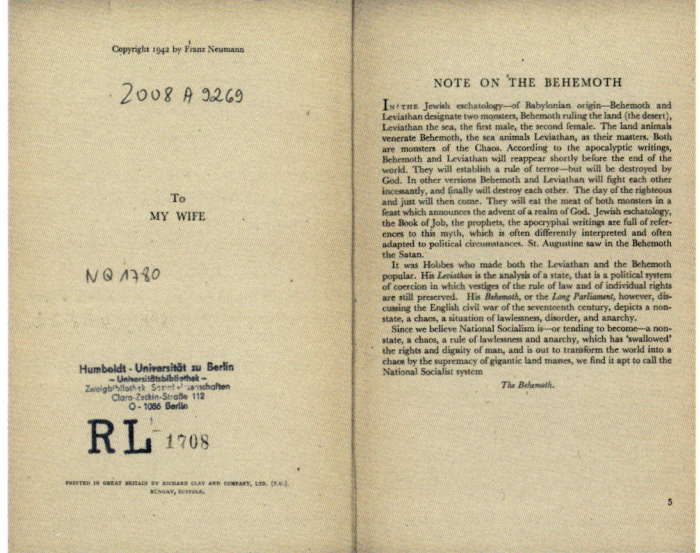

Abb. 25: Innenseite und Innentitel von Franz L. Neumann, Behemoth, 1942

ckenden Kräften zu begreifen. Es war vornehmlich diese Analyse, die Neumann an die Spitze der Mitteleuropa-Abteilung des *Office of Strategic Services* in Washington brachte. Auf diese Weise trug sein *Behemoth* wesentlich dazu bei, das Bild Deutschlands in der kriegsrelevanten Administration der Vereinigten Staaten zu bestimmen.[45]

Schmitt dürfte bewusst gewesen sein, dass sein *Leviathan*-Buch im Sinne der Analyse von Neumann gelesen werden konnte. Natürlich kann es ein rückblickender Selbstschutz gewesen sein, wenn er im April 1948 bekundet, dass dessen Drucklegung für ihn eine Mutprobe gewesen sei. Die Bemerkung ist aber von einer schwerlich zu erfindenden Skurrilität, so dass sie authentisch sein dürfte: „Vor zehn Jahren, als ich den Leviathan schrieb, wollte ich in meiner Angst den

---

[45] Intelmann, 1990, S. 41 f.; Stiefel und Mecklenburg, 1991, S. 108, 161 f.

beil. Zettel ‚Vorsicht' hineindrucken, als Waschzettel, was natürlich praktischer Unsinn gewesen wäre."[46]

In jedem Fall verblüfft die Konvergenz der theoretischen Anlage von Schmitts *Leviathan* und Neumanns *Behemoth*. Die Schrift des Emigranten war auch ein Schwarzbuch von Schmitt, in dem dieser immer wieder als ein entscheidender Vorbereiter des Nationalsozialismus aufgeführt wird.[47] Der *Behemoth* war in Frontstellung gegen Schmitt verfasst, nutzte aber dessen Zerfallsanalyse des Staates.

Die Karriere des *Behemoth* war auch nach dem Krieg nicht vorbei. Im Verein mit Herbert Marcuse und anderen Emigranten wurde Neumann von 1952 an zu einem Protagonisten des *Program in Legal and Political Philosophie* (LAPP), das dem als Entpolitisierung empfundenen Siegeszug der analytischen Philosophie die Neubegründung einer politischen Philosophie entgegenstellen sollte. Es wurde durch die Rockefeller Foundation entwickelt, die während des Krieges wie keine zweite Institution für die materielle und gedankliche Unterstützung der Emigration aus Mitteleuropa, und so auch der Frankfurter Schule, gesorgt hatte. Auf diese Weise, so ist argumentiert worden, vermittelte sich auch der nach wie vor linksschmittianische Deutungsansatz, wie ihn Neumann im Jahr 1932 formuliert hatte, in die amerikanische Nachkriegskultur.[48]

---

[46] Schmitt, 2015, S. 103 (22.4.1948).
[47] Neumann, 2009, S. 94–101.
[48] Eine eindrucksvolle Darstellung dieses Vorganges hat Müller, 2010, S. 317–339, vorgelegt. Zum „linksschmittianischen Erbe": ebda., S. 335, Anm. 31. Vgl. Buchstein, 2002, S. 184 f.

5. Der Behemoth in Schmitts *Glossarium*

Der *Leviathan* als Fassade

In den lakonischen, teils offenen und teils kryptischen Eintragungen des *Glossarium*, mit dem die Beschäftigung mit Leviathan und Behemoth nach dem Krieg einsetzt, hat Schmitt seine früheren Äußerungen zu den Hiob-Monstra neu bewertet. Auslöser war Rudolf Kassners im Jahr 1942 vorgelegte Deutung, dass Hobbes ein zutiefst barocker Denker gewesen sei.[1] Durch ihn sei die Erscheinung und das Wesen der Gemeinschaft auseinandergetreten: die Herrschaft und die Macht. Die Herrschaft sei prachtvoll und äußerlich, die Macht wesentlich und innerlich; die Herrschaft gehöre zur Fassade, die Macht hingegen zu dem, was die Fassade in der Ausstellung ihrer selbst verberge.

Nach dem aus der Metaphernwelt des Theaters stammenden Begriff der *Maskenexistenz*,[2] den Karl Marx in Form der *Charaktermaske* berühmt gemacht hat,[3] nimmt Schmitt nun mit dem der *Fassade* eine Architekturmetapher auf. Sie wird ihn umso mehr angesprochen haben, als er seine Kritik des „parlamentarischen Systems" im Jahr 1923 und erneut 1926 darauf hatte zulaufen lassen, dass dieses „nur eine schlechte Fassade vor der Herrschaft von Parteien und wirtschaftlichen Interessen" sei.[4] Kassners Aufsatz gab Schmitt offenkundig die Gelegenheit, diese Diagnose bis zu ihrem Ursprung bei Hobbes zurückzuverfolgen: „Das Leben ist die Fassade vor dem Tod (barock). Der Leviathan selbst ist eine Fassade; die

---

[1] Kassner, 1942, S. 206. Diese Wendung kehrt wieder bei Agamben, 2014, S. 29.

[2] Schmitt, 1938, S. 109. Vgl. seine Kritik der „Maske" als Existenz- und Auftrittsform im Jahr 1907: Schmitt, 1990, S. 18 f.

[3] Bredekamp, 2009, „Charaktermasken".

[4] Schmitt, 1926, S. 29; vgl. S. 62. Zur Verwendung dieser Architekturmetapher: Damler, 2012, S. 116.

Herrschaftsfassade vor der Macht; jener geheimnisvolle Vorhang auf dem Titelbild des Leviathan."[5] In immer neuen Wendungen variiert Schmitt das Bild von Hobbes als eines Begriffsarchitekten der Fassade: „Hobbes ist der eigentliche Philosoph des Barock: die Herausstellung einer *Fassade*, die sich vor dem Neuen, dem Faustischen, spreizt; Trennung von Herrschaft und Macht (Ludwig XIII. – Richelieu; Kaiser – Wallenstein)".[6]

Kassners Aufsatz dürfte Schmitt auch aus dem Grund angesprochen haben, weil er einen Ton anklingen ließ, den Walter Benjamin in seinem Buch über den *Ursprung des deutschen Trauerspiels* mit Bezug auf Schmitts Definition der Souveränität angeschlagen hatte.[7] Die Bedeutung dieses Bezuges wird auch darin sichtbar, dass Benjamin in seinem Lebenslauf des Jahres 1928 in ungewöhnlicher Emphase darauf hinwies, dass ihm Schmitts Überlegungen ein wesentliches Modell für die Bestimmung dessen sei, worin Kunstwerke, einem ästhetischen Ausnahmezustand vergleichbar, „unvergleichlich und einmalig sind".[8] Dem stellt Benjamin die Unfähigkeit der deutschen Fürsten des Barock gegenüber, als Souveräne zu agieren. Verpuppt im Mummenschanz sinnlos beweglicher Allegorien, wird alle Substanz in die Fassade der Repräsentation überführt, in einen Mechanismus, „der alles Erdgeborene häuft und exaltiert, bevor es sich dem Ende überliefert".[9]

Mit Blick auf Benjamins Überlegungen hat Schmitt diesen Grundansatz in seinem Shakespeare-Buch des Jahres 1956 aufgenommen. Die unnachahmliche Größe des Shakespeare bestehe darin, die Entleerung des Theaters, seine fassadenhafte Ausblendung des Ernstfalls, nicht mitgemacht zu haben.[10] Dies habe Benjamin nicht erkannt,[11] und daher habe er keinen Blick dafür gehabt, dass Shakespeare im besten Sinn über eine wüst „barbarische" Kraft verfügt

---

[5] Schmitt, 2015, S. 30 (12.11.1947).
[6] Schmitt, 2015, S. 30 (12.11.1947).
[7] Benjamin, 1974, S. 245 f., mit Bezug auf: Schmitt, 1996 (1922), S. 13. Vgl. Heil, 1996, S. 128 ff. und Bredekamp, 1998, S. 910 f.
[8] Benjamin, 1985, S. 219.
[9] Benjamin, 1974, S. 246.
[10] Schmitt, 1985 (1956), S. 42 und Anm. 15, S. 71.
[11] Schmitt, 1985 (1956), S. 63, zu: Benjamin, 1974, S. 335.

Der *Leviathan* als Fassade 71

habe, die, so wäre zu ergänzen, der Aufspaltung von Fassade und Substanz widersprochen habe.[12] Benjamins Nutzung der Souveränitätslehre wendet Schmitt bei aller Wertschätzung gegen diesen: Shakespeare gegen Hobbes, „barbarische" Kraft gegen Fassade.

Schmitts Verhältnis zu Hobbes bleibt jedoch von jener Ambivalenz bestimmt, die er immer wieder, und so auch im *Glossarium*, betont hat. Hobbes habe einerseits den Weg geöffnet, die Mittel seiner Gemeinschaftsstiftung auszuhöhlen, sei andererseits aber ein „unvergleichlicher politischer Lehrer".[13]

Diese Spannung kommt im Zugeständnis zur Geltung, dass der von Hobbes angestoßene Prozess nichts vom Umlegen eines Schalters habe; vielmehr handele es sich um eine schleichende Trennung der Fassade vom Inneren der Politik, die im Barock angelegt, aber noch nicht entschieden war. Diese Epoche war daher „nicht ‚bloße' Fassade; nicht bloßer Schein oder Erscheinung; Prestige, Glorie, Ehre, Repräsentation, Allmacht, aber eben doch wieder nur äußerliche Allmacht. Damals, im Barock, verstand sich die Überlegenheit des Inneren über das Äußere noch nicht von selbst, wie heute."[14] Entsprechend gilt: „Das Barock (Hobbes) hat noch eine substantielle Öffentlichkeit (Spinoza ist nicht Barock); demnach hat das Barock auch Legitimität und nicht nur Legalität; Herrschaft und nicht nur Macht."[15] Aber Richelieu und Wallenstein sind bereits die Repräsentanten einer Macht, welche die Fassaden der Herrschaft von Souveränen wie Ludwig XIII. oder Kaiser Ferdinand I. von innen her angreifen.

Sie sind die frühen Repräsentanten eines Prozesses, der mit dem französischen „Bürgerkönig" Louis-Philippe eine neue Etappe erreicht: „Erst die Zerstörung der dynastischen Legitimität seit Louis Philipp macht die Bahn frei für die bloße Macht."[16] In diesen knappen Worten steckt die Überzeugung, dass mit dem nach 1830 einsetzenden *juste milieu* eine Entwicklung weiterging, die von Hobbes nicht intendiert, aber durch ihn doch vorbereitet war. Denn er habe

---
12 Schmitt, 1985 (1956), S. 64 f.
13 Schmitt, 1938, S. 131. Vgl. Groh, 1998, S. 25 f.
14 Ebda.
15 Schmitt, 2015, S. 31 (15.11.1947).
16 Ebda.

es ermöglicht, dass die Legitimität des Herrschers durch die Legalität des Rechtssystems ersetzt und die Macht des neutralen Staates durch die indirekten Gewalten von Institutionen und Individualinteressen übernommen worden sei.[17]

Hinter der leviathanischen Fassade des Souveräns, so Schmitt, hätten sich Partikularinteressen des Innerlichen und Individuellen eingerichtet: „So zeigt sich: Hobbes ist der einzige ganz radikale und ganz folgerichtige Theoretiker des Rechts- und Sicherheitsstaates; das Bild des Leviathan ist für ihn eine Barockfassade. Dahinter steckt das Sicherheitsbedürfnis rivalisierender Mächte und schließlich rivalisierender Individuen. Denn das Individuum ist als solches gezwungen, sich zu setzen, sich auseinanderzusetzen, zu behaupten, Macht-Politik zu treiben".[18] Damit aber wendet Schmitt die von Ferdinand Tönnies systematisch ausgebaute Überlegung, dass es erst die gleichmacherische Kraft des Leviathan gewesen sei, welche die individuelle Freiheit zu legitimieren vermocht habe, in ihr Gegenteil. Mit dieser Lizenz sei der „Todeskeim" zur Selbstauflösung des Staates angelegt gewesen.[19]

Indem Hobbes nicht auf die voraussetzungslose Legitimität der Dynastie, sondern auf den menschgeschaffenen Staat setzt, der im Bild des übermächtigen, künstlichen Großmenschen Leviathan seine symbolische Form finde (Abb. 1), sei er ein Theoretiker der Fassade. Diese ebne einer Trennung des Außen und des Innen, der Herrschaft und der Macht den Weg: „Die Hobbesische Trennung von Außen und Innen, mit stärkster Betonung des Außen, das hat allerdings etwas von der Herausstellung der Fassade."[20] Im Kern ist hier wiederholt, was Schmitt bereits in seinem *Leviathan*-Buch von 1938 entwickelt hatte, aber die Metapher der Fassade ist so neu wie irritierend.

---

[17] Vgl. Schmitt, 1993 (1932).
[18] Schmitt, 2015, S. 30 (12.11.1947).
[19] Tönnies, 1912; Schmitt, 1938, S. 86.
[20] Schmitt, 2015, S. 30 (12.11.1947).

Die Kathedrale von Santiago de Compostela

Schmitts Betonung des Fassadencharakters des Barock mag auf den ersten Blick befremden, aber ihr geht es nicht um jene alle Lebenssphären umgreifenden Kunst- und Festformen, die üblicherweise mit diesem Stil- und Epochenbegriff im Sinne des „barocken Welttheaters" verbunden werden,[21] sondern um die Differenz von Wesen und Erscheinung. Diese Diagnose steht im Einklang mit zahlreichen Analysen dieser Epoche, so etwa Erwin Panofskys Charakterisierung der Barockportraits in *What is Baroque?*.[22]

Für die Barockarchitektur jedoch gilt eher das Gegenteil, die Durchsteckung von Innenraum und Fassade.[23] Für das von Schmitt angesprochene Problem bot der Sonderfall der Kathedrale von Santiago de Compostela den vielleicht anschaulichsten Beleg, denn ihrem romanischen Innenraum der Zeit um 1100 (Abb. 26) ist eine gewaltige, in ihrem Ausmaß einzigartige Barockfassade vorgeblendet (Abb. 27). Sie konnte sich offenbar vor dem inneren Auge mit dem Frontispiz des Leviathan verbinden, insofern sie den Gegensatz von Barockfassade und Innenraum besonders drastisch verkörperte.

Schmitt dürfte auf diese Kathedrale durch seine Affinität zu Spanien aufmerksam geworden sein. Seine von Gegnern wie Freunden als opportunistisches Gebaren empfundene Verteidigung des Führerstaats führte Ende 1936 zu einem wütenden Angriff seitens des SS-Publikationsorgans *Schwarzes Korps*, der Schmitts Aufstieg im NS-Regime beendete.[24] Im Deutschland des Nationalsozialismus geduldet und im Nachkriegsdeutschland wegen seiner Parteinahme der

---

[21] Alewyn, 1989.

[22] Panofsky, 2005, S. 80–83.

[23] Es gehört gerade zur Stärke und zur umfassenden Geltung dieses Stils, Außen und Innen mit mathematischer Präzision zu verschmelzen, so dass sich in der Fassade das Innere spiegelt. Dies gilt, um nur ein Beispiel zu nennen, etwa für ein Hauptwerk des Barock in Rom, Francesco Borrominis zwischen 1638 und 1641 errichtete Kirche S. Carlo alle Quattro Fontane. Die Entsprechung von Innenraum und Fassade ist besonders auffällig, weil die Ecksituation der Fassade kaum Entfaltungsmöglichkeiten bot. Umso erstaunlicher erscheint, wie die auf geringem Raum entwickelte sinusförmige Kurvatur der Fassade der Durchsteckung zweier Dreiecke im Inneren der Kirche Borrominis entsprach (Connors, 2000, S. 329).

[24] Mehring, 2009, S. 379.

74 5. Der Behemoth in Schmitts *Glossarium*

Abb. 26: Mittelschiff der Kathedrale von Santiago de Compostela, Blick auf die Westfassade

Die Kathedrale von Santiago de Compostela

Abb. 27: Westfassade der Kathedrale von Santiago de Compostela

Jahre 1933 bis 1936 Zeit seines Lebens befleckt, wurde er in Spanien seit 1936 bis zu seinem Tod so sehr zum entscheidenden Stichwortgeber der Staatstheorie, dass er sich selbst als Spanier definierte.[25] Er bereiste 1929 Barcelona und Madrid, 1943 Salamanca, 1944 Madrid, Granada und Barcelona, um im Frühjahr 1951 im Rahmen einer von ihm als triumphal empfundenen Vortragsreise nach Madrid und Barcelona auch Santiago de Compostela zu besuchen.[26] Bis 1970 ist er immer wieder über längere Zeiten in die Stadt gereist, seit sich seine Tochter Anima nach ihrer Heirat im Dezember 1957 mit dem Rechtshistoriker Alfonso Otero dort niedergelassen hatte.[27] Eine der bei diesen Gelegenheiten aufgenommenen Photographien zeigt Schmitt gemeinsam mit dem befreundeten Juristen Alvaro d'Ors um das Jahr 1964 vor der Kathedrale von Santiago de Compostela (Abb. 28).

**Die Resistenz des Behemoth
und der Pórtico de la Gloria**

Schmitts Ausgangspunkt war das Bild des Leviathan als Blendarchitektur der Herrschaft, die durch die wahre Macht der nichtstaatlichen, aus dem Innenraum kommenden Kräfte unterhöhlt wird. An dieser Stelle kommt für Schmitt die Gegenfigur des Buches Hiob als Alternative ins Spiel: „Der Behemoth ist merkwürdigerweise nicht als Fassade geeignet wie der Leviathan. Wie ist das zu erklären? Ist das Landtier zu solide? Sehr wichtige Frage. Die Fassade ist nämlich falsch."[28]

In dieser knappen Bemerkung tritt Behemoth nicht als ein Bild der Macht auf, das dem hadernden Hiob durch Gott als Ausweis seiner Allgewalt gezeigt wird, sondern als ein in seiner Physis strotzendes Landtier, das gegenüber der flachen Leere der Fassade kontrastiert. Als Gegenmodell zur Figur des Leviathan gewinnt der Behemoth darin eine eigene Qualität, dass er in seiner kompakten Fleischlichkeit nicht zur Fassade werden kann.

---

[25] Beneyto, 1983; Lopez Garcia, 1996; Kisoudis, 2011.
[26] Daten nach: Beneyto, 1983, S. 24 und Mehring, 2009, S. 485 sowie Hinweisen von Gerd Giesler.
[27] Mehring, 2009, S. 510.
[28] Schmitt, 2015, S. 30 (12.11.1947).

Die Resistenz des Behemoth

Abb. 28: Carl Schmitt und Alvaro d'Ors vor der Kathedrale von Santiago, Photographie von Ernst Hüsmert, um 1964, Privatbesitz

In der Überlegung, dass sich der Behemoth der „Fassadisierung" der Politik widersetzt, liegt eine verhaltene Sympathieerklärung an das Landtier des Buches Hiob. Eine solche kommt meines Wissens nur an einer einzigen Stelle vor, dem Epos über den Endkampf zwischen Behemoth und Leviathan, das der im 5. oder 6. Jahrhundert n. Chr. lebende jüdische Dichter Eleazar be-Rabbi Quallir verfasst hat. Dort schützt das riesige Ungeheur alle Tiere, die sich in seiner Nähe bewegen.[29] Ob Schmitt diese Quelle gekannt hat, ist nicht zu erschließen. Bei ihm ist die Andeutung von Sympathie gegenüber dem Behemoth auf den nicht zu tilgenden Resten von Konsistenz und daraus resultierender Autonomie begründet.

Wie ein Kommentar zu Schmitts Bemerkung über den Behemoth wirken vier aus Santiago de Compostela gesandte Schreiben des Jahres 1960. Das erste ging am 5. Juli an Lilly von Schnitzler, Frau des I.G.-Farben-Vorstandsmitglieds Georg von Schnitzler, Sammlerin und Mäzenin der „klassischen" modernen Kunst und Muse von Max Beckmann, mit der Schmitt seit dem Jahr 1915 in Freundschaft verbunden war.[30] Schmitt berichtet auf einer Postkarte von der Kathedrale von Santiago de Compostela: „Diesen lächelnden Daniel habe ich während meines Aufenthaltes in Santiago de Compostela (Mai–Juni 1960) täglich besucht; jedes Mal mit dem heftigen Wunsch, Ihnen, liebe und verehrte Frau von Schnitzler, zu erzählen, was ich durch ihn erfahren habe. In einer Stadt wie Santiago lese ich in den alten Steinen wie in einer Biblia Pauperum."[31] Der Hinweis auf den Daniel bezieht sich auf den hinter der Fassade der Kathedrale befindlichen Pórtico de la Gloria (Abb. 29) und dessen Ausstattung mit einem Ensemble lebensgroßer Figuren des Alten und Neuen Testamentes, unter denen sich auch der Daniel befindet (Abb. 30).

Schmitts Bemerkungen bezeugen eine intime Kenntnis dieses Ensembles von Architektur und Skulptur und seiner Sonderrolle in der Geschichte der Romanik: „Vor 50 Jahren schwärmten wir für

---

[29] Schirmann, 1970, S. 334.
[30] Schmittiana, N. F., Bd. I, 2011, Nr. 119, S. 114.
[31] Carl Schmitt an Lilly von Schnitzler, 5.7.1960, Max-Beckmann-Archiv, München, in: Schmittiana, N. F., Bd. I, 2011, Nr. 118, S. 243.

Die Resistenz des Behemoth

Abb. 29: Meister Mateo, 1168–1188, Pórtico de la Gloria der Kathedrale von Santiago de Compostela

Abb. 30: Meister Mateo, Prophetenfiguren mit Daniel, Pórtico de la Gloria, Kathedrale von Santiago de Compostela, vor 1188

den Bamberger Reiter. Heute hat mir dieser lächelnde Daniel unendlich mehr zu sagen; sogar mehr als die beiden herrlichen Statuen der Ecclesia und der Synagoga im Strassburger Münster, mehr auch zu demselben Thema: Kirche und Synagoga! Herzliche Grüsse Ihres alten Carl Schmitt."[32] Schmitts Absage an den Bamberger Reiter, die er zwei Wochen zuvor bereits gegenüber Ernst Forsthoff vorgebracht

---

[32] Ebda.

hatte,[33] benennt jene Symbolfigur, die 10 Jahre später, auf dem Kölner Kunsthistorikertag, das Fach als Agent einer deutschnationalen Kunstgeschichte spalten sollte.[34]

Schmitt begründet seine Favorisierung des Daniel gegenüber den Straßburger Figuren[35] in einem wenige Wochen zuvor an den französischen Soziologen Julien Freund gesandten Brief mit weiteren, im Feld des Politischen liegenden Erwägungen. Er begibt sich auch in diesem Schreiben hinter die Fassade in das Innere, um dort den Portico de la Gloria zu betrachten: „Mich interessiert nicht die Kunstgeschichte, sondern die Entwicklung des Begriffs des Politischen. Der Pórtico in Santiago ist noch 12. Jahrhundert: er ist noch ‚Präsenz', nicht ‚Repräsentation'; er kennt noch keine ‚juristische Person'; das kommt alles erst langsam um 1200."[36]

Das hier bekundete Desinteresse an der Kunstgeschichte war, wie der Brief an Lilly von Schnitzler zeigt, ein eher rhetorischer Verweis auf die mit dem Gegenstand verbundenen Fragen politischer Symbolik. Schmitt nimmt hier vielmehr eine erst in jüngster Zeit entwickelte kunsthistorische Einsicht vorweg,[37] die von der politischen Dimension nicht zu trennen ist. Die in der Tat unerhörte Präsenz des Pórtico de la Gloria symbolisiert etwas von der Macht, die zugleich Herrschaft, und des Innenraumes, der zugleich Fassade ist. Die Kraft der nur mehr mit dem Westchor von Naumburg zu vergleichenden Lebendigkeit dieses Skulpturenensembles[38] entsteht auch dadurch, dass dieser Raum als Portikus zwischen Fassade und Innenraum vermittelt; er kommt aus dem Inneren, hat aber auch unmittelbaren Bezug zur Fassade der Herrschaft. Als pure „Präsenz" steht er vor jener Spaltung,

---

[33] Carl Schmitt an Ernst Forsthoff, 24.6.1960, in: Schmitt und Forsthoff, 2007, Nr. 140, S. 161.

[34] Hinz, 1970.

[35] Vgl. hierzu: Bredekamp, 2011.

[36] Carl Schmitt an Julien Freund, 6.6.1960, in: Freund, 1990, Nr. 3, S. 45.

[37] Der Pórtico ist präsente und nicht etwa repräsentierte Antike, lange vor der *Renaissance* und dem Prinzip der *Renaissancen*, wie Erwin Panofsky diese Bezüge auf die Antike genannt hat (Panofsky, 1990). Das Spanien der Reconquista des 11. bis 12. Jahrhunderts ist präsente, fortgeführte Antike, und nicht etwa deren Wiedergeburt (Bredekamp und Trinks, 2015).

[38] Zu diesem Zusammenhang: Trinks, 2012. Vgl. ders., 2014.

die, wie Schmitt in *Römischer Katholizismus und politische Form* formuliert hatte, durch die „Repräsentation" überbrückt wird.[39]

In seinem Präsenzgehalt entspricht der Pórtico de la Gloria dem Sinn von Schmitts Äußerung über den Behemoth. Es erscheint möglich, dass Schmitt diese dichte Präsenz,[40] die er im Landtier Behemoth als Gegenmodell zur Fassadenfigur des Leviathan erkannte, assoziativ mit dem „tellurischen Charakter des Partisanen" verband. Ihm hat er zur selben Zeit eine eigene Untersuchung gewidmet: „Er verteidigt ein Stück Erde, zu dem er eine autochthone Beziehung hat."[41] Die positive Besetzung des staatlich organisierten Landes gegenüber dem satanisch anarchischen Meer, die Schmitt in *Land und Meer* entwickelt und die er bereits in *Römischer Katholizismus und politische Form* in den Begriff des *terrisme* gefasst hatte,[42] verlagert sich in diesem Moment auf die Figur des Partisanen. Wie kein zweiter verkörperte Julien Freund, der ein aktives Mitglied der Résistance war, den Status des Partisanen in Schmitts engstem Freundeskreis. Freund hat Schmitts Partisanentheorie in einer höchst aktuell wirkenden Darlegung analysiert.[43] Der Partisan scheint einzulösen, was Schmitt im *Glossarium* in Bezug auf den Behemoth bemerkt hatte.

Das Lächeln des Daniel

Einen Schlüssel bietet Schmitts Deutung des Daniel, der in der Gruppe im linken Gewände des Mittelbogens nach Moses und Jesaias die dritte Position von rechts innen einnimmt, vor Jeremias. In seiner Jugendlichkeit und seiner höchst präsenten Direktheit konfrontiert Daniel den Besucher unmittelbar (Abb. 31).[44]

---

[39] Schmitt, 1985 (1925), S. 14. Vgl. zu diesem Begriff: Behrmann, 2015, S. 365 f.

[40] Zu diesem Begriff: Gumbrecht, 2012.

[41] Schmitt, 1995 (1963), S. 93.

[42] Schmitt, 1985 (1925), S. 18. Vgl. Biehler, 2006, S. 404 und passim.

[43] Vgl. zu Schmitts *Theorie des Partisanen*: Freund, 1988.

[44] Die seinerzeit wichtigste Publikation stellte Ernst H. Buschbecks Analyse dar (Buschbeck, 1919). Zum Daniel: S. 15 f. Vgl. zuletzt: Rüffer, 2013/14 und Castiñeiras, 2015, S. 673.

Abb. 31: Meister Mateo, Kopf des Daniel, Pórtico de la Gloria

Das Erlebnis dieser Figur gehörte zu drei Ereignissen, die Schmitt im Jahr 1958 erschütterten: „Große Begegnung mit Land und Meer am Cap Finisterre. Große Begegnung mit den Vandalen durch das Buch von Christian Courtois, Les Vandales (1955). Das Gelächter Gelimers, la carcajada de Gelimer und el soriso des Daniel und des Evangelisten Johannes in dem Pórtico de la Gloria in Santiago. Uns bleibt wohl nichts als das Gelächter Gelimers. Aber das Lächeln Daniels und des Evangelisten verfolgt mich in meine Träume."[45]

Die Erfahrung des Atlantik am „Ende der Welt", dem *Kap Finisterre* an der Westküste vor Santiago de Compostela, ist ein erhabener Eindruck. Wohl jeder, der am Leuchtturm der vorgeschobenen Erhebung gestanden hat, wird das gleichsam Tierhafte der unter der Wasseroberfläche erzeugten Wellenbewegungen empfunden haben. Von diesem vorgeschobenen, westlichsten Punkt des Kontinents aus,

---

[45] Schmitt, 2015, S. 371 (Juli 1958).

Abb. 32: Meister Mateo, Oberkörper des Johannes, Pórtico de la Gloria

an dem die scheinbare Unendlichkeit des Ozeans spürbar wird, dürfte Schmitt, der Autor von *Land und Meer*, in der langen Dünung die Bewegungen des Hiobschen Leviathan imaginiert haben.

Das zweite Erlebnis, Christian Courtois' Geschichte der Vandalen und der Bericht über das Lachen Gelimers,[46] war mit der Begegnung des Daniel und einer weiteren Skulptur, dem Evangelisten Johannes, als drittes Ereignis verbunden (Abb. 32).[47] Bei dem ebenfalls jugendlichen Johannes, der die Außenposition des rechten Gewändes am Mittelbogen des Pórtico einnimmt, ist das Lächeln um einen Grad zurückgenommen, aber auch er scheint sich dem Besucher wie mit einem Willkommen zuzuwenden. Das Lächeln des Daniel, das Schmitt bis in seine „Träume" verfolgte, hatte offenbar die größte Wirkung.

In einem zweiten Schreiben an Julien Freund erläutert Schmitt den Grund seiner Fixierung: „Ich füge ein Foto bei, das ich für Sie habe machen lassen. Es ist das Gesicht des Propheten DANIEL, aus dem Pórtico von Santiago, von 1180! Sein Lächeln interpretiere ich mir als eine Antwort auf das Gelächter des Vandalenkönigs GELIMER, der dem Sieger BELISAR vorgeführt wurde (533). Aber das ist eine lange Geschichte."[48]

Ein entsprechender Brief mit offenbar dem gleichen Bild ging im Juni 1960 ebenfalls an Ernst Forsthoff.[49] Schmitt spielt in seinem Schreiben auf den Vandalenkönig Gelimer an, der von dem von Kaiser Justinian eingesetzten Feldherrn Belisarius bei Karthago besiegt wurde, um bei seiner Vorführung in Konstantinopel angesichts der Prachtbauten in schallendes Gelächter auszubrechen. Schmitt hat die entsprechende Stelle aus der englischen Übersetzung von Prokops Geschichte des Krieges gegen die Vandalen mehrfach verschickt, darunter auch an Ernst Jünger.[50] Prokop lässt den Grund des

---

[46] Courtois, 1955.
[47] Buschbeck, 1919, S. 15. Zum Lächeln in der Skulptur: Seidel, 2007.
[48] Carl Schmitt an Julien Freund, 6.6.1960, in: Freund, 1990, Nr. 3, S. 46.
[49] Carl Schmitt an Ernst Forsthoff, 21.7.1960, in: Schmitt und Forsthoff, 2007, Nr. 141, S. 162. Bei der Abb. 18, S. 540 wurde Johannes mit Daniel verwechselt.
[50] Jünger und Schmitt, 2012, S. 445 f., Reproduktion aus: Procopius (1916), History of the Wars, Buch 4, VII, 11–17, S. 268/269, gesandt am 10.4.1981.

Lachens offen, aber für Schmitt durchschaut der Besiegte den Fassadencharakter der Herrschaft des Siegers, und darin bleibt er selbst als Geschlagener in sich konsistent.[51]

Schmitt hat sich selbst als der Geschlagene, dem nur das Lachen bleibt, gesehen: als Gelimer, der aus der Unterlegenheit heraus über die Kraft der Durchsicht verfügt: „Das Gelächter des Gelimers hört nicht auf. Aber es braucht uns nicht daran zu hindern, unsere Wirklichkeit zu sehen. Es kann und soll, im Gegenteil, die Kulissen und Szenarien des Betrugs erschüttern."[52] Daniel dagegen vollzieht eine andere mimische Symbolgeste, indem dieser Löwenbezwinger in Schmitts Imagination auf das heroische Lachen des besiegten Gelimer mit einem überlegenen Lächeln antwortet. In dieser gedämpften und damit beherrschten Reaktion vertritt er eine überlegene Präsenz, die nicht nur Sympathie, sondern auch Distanz verkörpert, Anteilnahme, aber auch Urteilsspruch. Diese Ambivalenz begründet, warum Schmitt auf Daniel so zwanghaft fixiert war, dass ihn dessen Lächeln bis in seine Träume verfolgte.

In einem Brief des Oktober 1960 hat Schmitt die Figur des Daniel schließlich in eine sprechende Beziehung zum Behemoth gebracht. Das Schreiben war an den Kunstphilosophen Walter Warnach gerichtet, ein Wegbegleiter von Joseph Beuys, der im selben Jahr seinen Dienst als Professor an der Düsseldorfer Kunstakademie antrat. Der Anlass des Briefes war Schmitts Kommentar zu Warnachs Aufsatz über den „Verlust der Niederlage" des Jahres 1960, den er als einen „unerhörten" Beitrag zur Reflexion der Bundesrepublik sah.[53] In ihm hatte Warnach konstatiert, dass Deutschland im Leistungsrausch des Wiederaufbaues den beiden Hiob-Monstra zum Opfer gefallen sei. Der Behemoth sei der östliche „Universalismus der marxistischen Weltrevolution", der Leviathan der westliche Glauben an den „Universalprogreß der Menschheit".[54]

---

51 Mehring, 2012, S. 39 f.

52 Schmitt, 2015, S. 380; Buch V des *Glosariums* hat Schmitt mit „Gelimer" überschrieben (ebda., S. 401). Vgl. Mehring, 2012, S. 41–45, mit einer eindrucksvollen Auflistung von Schmitts Bezugnahmen auf Gelimers Lachen bis in seine letzten Äußerungen hinein.

53 Carl Schmitt an Walter Warnach, 20.10.60, Privatarchiv. Freundl. Hinweis von Gerd Giesler.

54 Warnach, 1982 (1960), S. 327.

Warnach erkennt in den Chimären vor Schloss „A.....haus" die Verkörperungen dieser beiden Ungeheuer.[55] Es handelt sich um zwei Skulpturen des Bildhauers Eugen Senge-Platten, dem Warnach später eine eigene Publikation widmete. Die im Jahr 1955 aus Anlass der Wiedererrichtung des ehemaligen Residenzschlosses der Fürstbischöfe von Münster im westfälischen Ahaus geschaffenen Sandsteinfiguren, die als *Chimären* betitelt sind, zeigen zwei aus einem Leib hervorgehende Körper, bei denen die Vorderarme menschliche Züge aufweisen, während die Köpfe die Züge von Schildkröten zeigen (Abb. 33), sowie ein echsenartiges, auf zwei Radachsen sich aufrichtendes Wesen (Abb. 34). Für Warnach verkörpern beide Bildwerke als Leviathan und Behemoth die schonungslose Raserei in den Raum und die „Nichtsbesessenheit" der Lust an „totaler Vernichtung".[56] Das von Senge-Platten im Schlosspark aufgestellte *Mahnmal zum 20. Juli* ist für Warnach das Gegenbild zu diesen Fassungen des „nichtsbesessenen" Zeitalters.[57]

In seinem Kommentar bezieht Schmitt den von Warnach angeführten Behemoth auf seine eigene Situation, in der er durch die Siegermächte zu einer Unperson gemacht worden sei. Es sei sinnlos, sich am Exorzismus gegenüber den „Gerechten" zu beteiligen, „die beim großen Gastmahl an der Tafel sitzen und sich am Fleisch des Behemoth sättigen."[58] Diese Worte lassen in ihrer Verbitterung frieren, aber als Indiz für die hier erneut angesprochene Fassadenproblematik und deren Überwindung sind sie aufschlussreich. Auch hier ist der Behemoth auf der Seite Schmitts, während Daniel ihm zulächelt: „Ein Blick auf den lächelnden Propheten Daniel, von dem ich Ihnen neulich ein Bild schickte, genügt, um einem die törichte Anwandlung auszutreiben, gerechte Sieger und siegreiche Gerechte bei ihrem Fest zu stören."[59]

Für Schmitt kommen im Lächeln des Daniel und des Johannes (Abb. 31 und Abb. 32) die Nähe und der Abstand, die Intimität und die Autorität auf eine Weise zusammen, die er als Ideal der politi-

---

55 Ebda., S. 328f.
56 Warnach, 1967, S. 17f.
57 Ebda, S. 18.
58 Carl Schmitt an Walter Warnach, 20.10.60, Privatarchiv.
59 Ebda.

Abb. 33: Eugen Senge-Platten, Chimäre, Park Schloss Ahaus, 1955, Sandstein, Aufnahme: Margret Karras

schen „Präsenz" erachtet hat. Sie liegt in der Durchsteckung von Innen und Außen und damit dem Zusammenfall von Herrschaft und Macht im Pórtico de la Gloria. Dessen Durchkreuzung von barocker Fassade und romanischem Innerraum ist für Schmitt das Synonym einer „Präsenz", die der Kompaktheit entspricht, welche Schmitt mit dem Behemoth und insbesondere auch mit dem tellurischen Status des Partisanen assoziierte. Diese Gestaltelemente des Pórtico de la Gloria sind als skulpturale und architektonische Entsprechungen des massigen, als Fassade nicht tauglichen Behemoth zu begreifen, wie ihn Schmitt in seiner Bemerkung des *Glossarium* erfasste.

Wer lächelt, redet nicht; dies mag Schmitt zusätzlich auf Daniel fixiert haben. Ende August 1947, also knapp drei Monate, bevor er seine Kritik der „barocken" Fassade äußerte, hatte er sein *Glossarium* mit einem Absatz über die Stille beginnen lassen, in dem es unter

Abb. 34: Eugen Senge-Platten, Chimäre, Park Schloss Ahaus, 1955, Sandstein, Aufnahme: Margret Karras

andererm heißt: „Stille wird ein polemischer Begriff gegenüber barockem Lärm."[60] Mit dieser Aussage nahm er seine im *Leviathan* von 1938 geäußerte Identifikation des Behemoth mit dem Schweigen als der Sphäre einer oppositionellen Innerlichkeit auf, um die Vorzeichen umzukehren. In *Ex Captivitate Salus* von 1950 hat er diesen Wechsel sanktioniert.[61] Jener Schmitt, der dem Nürnberger Ankläger geantwortet hatte, er werde sich „in die Sicherheit des Schweigens" begeben,[62] konnte sich nun mit dem schweigenden Behemoth als dem Gegentier des Fassaden-Leviathan identifizieren.

All dies gibt der scheinbar unmotivierten Verknüpfung des Atlantik-Erlebnisses mit dem Lachen des Vandalenkönigs Gelimer und

---

[60] Schmitt, 2015, 28.8.1947, S. 3.
[61] Schmitt, 1950, S. 16.
[62] Zit. nach: Laak, 1993, S. 33.

dem Lächeln der Figuren des Pórtico de la Gloria einen inneren Zusammenhang. Die drei Erlebnisse handeln von unterschiedlichen Erscheinungsweisen des Leviathan und des Behemoth.

6. Aktuelle Varianten

Der Aufstieg des Behemoth

In der gefühlten Sicherheit gegen Ende des Kalten Krieges, im Klima der Abschleifung aller Oppositionsbegriffe, wie auch in der Großen Erzählung von der Selbstorganisation in *Governance*-Formen oder der Selbstregierung der *Multitude*,[1] vollzog sich eine Wendung, die gegenüber Schmitts verhaltener Verteidigung des Behemoth in eine offene Sympathienahme übersprang. Nach Hobbes Umdeutung der Ungeheuer aus dem Buch Hiob, nach der Rückkehr zum Alten Testament durch Blake und nach der Kritik an Hobbes Bestimmung der Tiere durch Schmitt liegt hierin die vierte, systematische Wandlung dieser mythischen Tiersymbole der Macht. Im selben Zug, in dem der Staat sein Aggressionspotenzial verlor, wurde auch seine Gegenfigur ihrer dämonischen Kräfte entbunden. Der Behemoth wurde zur Entsprechung des entschärften Leviathan.

In diesem Rahmen wurde im Jahre 1986 eine italienische Zeitschrift mit dem Namen *Behemoth* gegründet (Abb. 35). In Abkehr von allen zuvor oder danach gefundenen Bildformeln zeigte sie auf dem Titelblatt die aufrecht stehende, den schwangeren Bauch wie eine Erdkugel vorstreckende Mischgestalt in Form des Elefanten von Louis Breton (Abb. 19). In der ersten Nummer wurde diese überraschende Titelwahl mit einem Kurzdurchgang durch die Begriffsgeschichte der beiden vor Hiob auftretenden Monstra verbunden. Im Buch Hiob vertrete der Behemoth eine „ruhige Macht", zwar stark und mit dem Schwert ausgestattet, aber pflanzen- und nicht fleischfressend, in der Gemeinschaft mit wilden Tieren zwischen dem Fluss und dem Gebirge lebend. Fast, so legt es diese Beschreibung nahe, ist dieser Behemoth ein Tier des Paradieses.[2] Ursprünglich keine Wi-

---

[1] Hardt und Negri, 2002.

[2] „Tra le sue creature è Behemot, dal quale emana una tranquilla potenza" (Einleitung, in: Behemoth, Bd. 1, 1986, Nr. 1, ohne Pag.).

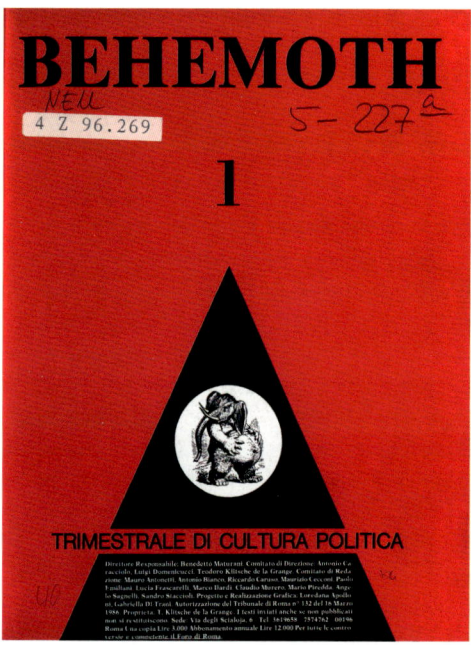

Abb. 35: Titelseite zu: Behemoth. Trimestrale di Cultura Politica, Nr. 1, 1986

dersacher, seien der Behemoth und der Leviathan erst in der mittelalterlichen Allegorese miteinander konfrontiert worden. Der Pluralismus, wie ihn der Behemoth seit Hobbes als Gefahr verkörpere, habe als Utopie in der Gegenwart gesiegt: „Im ewigen Kampf der beiden Bestien ist es heute Behemoth, der überwiegt."[3]

Wohl erstmals seit Hobbes war damit gewagt worden, das Schreckensbild des Behemoth in einen Sympathieträger der Demokratie zu verwandeln. Er stieg zum Sinnbild einer Alternative zu allen Herrschaftsformen auf, die der Leviathan mit seinem autoritativen Friedenszwang verkörperte.[4] So erschien Blakes Variante des *Behemoth* etwa auf dem Titelblatt der Zeitschrift *Critical Inquiry*, in dem

---

[3] „Nell'eterna lotta dei due mostri è oggi Behemoth che prevale" (ebda.).
[4] Ebach, 1984.

Abb. 36: Titelseite zu: Critical Inquiry,
Bd. 34, 2008, Nr. 3

es unter anderem um die Frage des internationalen Rechtes in einer Welt ohne ein hegemoniales Zentrum ging (Abb. 36).[5]

Eine profilierte Leipziger Zeitschrift für Sozialforschung hat sich ebenfalls den Namen *Behemoth* gegeben, weil dieses Symbol des Chaos und des Unfriedens in dem nach-leviathanischen Freiraum in Form der Governance als ein substaatliches Auspendeln von Kräften auftrete, die nicht von oben nach unten wirken, sondern eher multi-zentral vermittelt würden (Abb. 37). Im Sinne der rhetorischen Frage „Behemoth als Teil der Lösung?"[6] residiert Blakes Version als Emblem der Zeitschrift über dem Editorial und jedem einzelnen Beitrag.

---

[5] Fraser, 2008.
[6] Fach, 2008, S. 2.

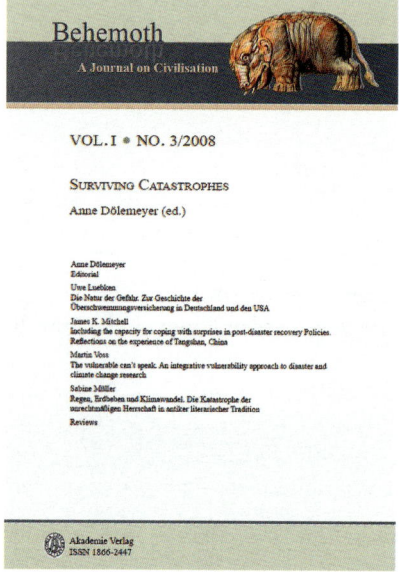

Abb. 37: Titelseite zu: Behemoth. A Journal on Civilization,
Bd. 1, 2008, Nr. 3

**Der Gegensatz von Konsistenz
und Transparenz**

Die Besänftigung des Bedrohungspotenzials, die seit jeher mit dem Behemoth verbunden wurde, hat sich in den letzten zwanzig Jahren als eine subtile Form des Angriffes auf den Leviathan geäußert. Insofern dem Behemoth die Gefährlichkeit abgesprochen wurde, schien nahe, was Schmitt im Jahr 1938 angekündigt hatte: das „Ende" seines Gegenübers, des Leviathan. Zahlreiche Publikationen haben dies mit einer Genugtuung notiert,[7] die Quentin Skinner „von einem

---

[7] Vgl. die unterschiedlich argumentierenden, im Ergebnis aber verwandten Arbeiten: Creveld, 1999; Reinhard, 1999; Losano, 2000; Möllers, 2008, S. 87–96; Zerfasert der Nationalstaat?, 2008. Vgl. den aktuellen Stand, wie er sich in der Kontroverse zwischen Dieter Grimm und Christoph Möllers darbietet: Grimm, 2015 und Möllers, 2015.

übertriebenen Eifer" der „gängigen Politikwissenschaft" sprechen ließ, „den Tod des Staates zu verkünden".[8]

Im Jahr 2001 geschahen mit der Zerstörung der Buddha-Statuen von Bamyan und der Zwillingstürme von Manhattan jedoch zwei Ereignisse, die in ihrer Verbindung von Terror und Ikonoklasmus über die puren Taten hinaus einen historischen Zeichencharakter erzeugten, der sie zu handlungsstiftenden „Anzeichen" (*signs*) im Sinne von Hobbes machte.[9] Sie zerstörten für vermutlich Jahrzehnte die Kontinuität einer trotz des Kalten Krieges seit dem Zweiten Weltkrieg gefühlten Friedenszeit, in welcher der Leviathan schließlich als obsolet gesehen werden konnte.[10] Im Jahr 2008 kam die Finanzkrise hinzu.

Bereits im Jahr 2001 hat Jacques Derrida auf diese sich grundlegend wandelnde Situation reagiert. Es bedeutet eine besondere Art der Witterung, dass er im Dezember diesen Jahres sein als Vorlesung gehaltenes *Séminaire* unter den Titel *Das Tier und der Souverän I* stellte. Offenkundig hat er diesen mehrere hundert Seiten umfassenden Text unter dem Eindruck des 9/11 auf die Frage nach der Unterscheidung von Krieg und Terrorismus hin zugespitzt. Immer wieder auf Hobbes und Schmitt verweisend, führte Derrida im Rahmen dieser Problemstellung die beiden Bestien aus dem Buch Hiob in ihre ursprüngliche Bedeutung als Grundkategorien eines antagonistischen Begriffs von Politik zurück.[11] Indem er ihren bedrohlichen Charakter hervorhob, hat er der Entschärfung des Leviathan wie des Behemoth widersprochen. Diese Position ist bis heute aktuell geblieben.

Derrida konnte nicht ahnen, in welcher Weise sich die Verbindung von Krieg und Terrorismus auf die Grundbestimmungen des Privaten und des Öffentlichen auswirken würde, aber auch diese Szenerie beleuchten Schmitts Gedankenblitze mit eigenem Licht. Sie erlauben, die Beklemmung gegenüber einer Gegenwart, die ein behemothisches Zeitalter im Sinne Hobbes zu sein scheint, begrifflich zu

---

[8] Skinner, 2012, S. 84f.
[9] Hobbes, 1967 (1915), S. 15 (De Corpore, 2,1). Vgl. Bredekamp, 2003, S. 71f.
[10] Bredekamp, 2010, S. 224–230.
[11] Derrida, 2015, S. 50, 56. Zu Schmitt: S. 50–59, 76–79, 113–128.

distanzieren. Seine Metapher der Fassade leviathanischer Herrschaft, die durch die Macht der indirekten Gewalten unterminiert wird, beruht auf der Trennung von Außen und Innen sowie öffentlich und privat. Die Unantastbarkeit des Privaten gehört jedoch nicht mehr zum Dogma des Leviathan. Als hätte er seine Lektion gelernt, greift er in Form der Geheimdienste auf eine historisch nicht gekannte Weise die an sich geschützten elektronischen Kommunikationen auf, und mit ihnen die Bewegungen sämtlicher Bürger.

Das autonom und unbeherrschbar gewordene, anarchische Ich als Vorhut und Zelle des Unbedingten, das dem Staat kontrastiert wird, und das er zugleich beschützen soll, erscheint als Angriffsziel an sich. Das eigentlich Unerhörte dieses Vorgangs liegt darin, dass es sich im Einklang mit den „sozialen Netzwerken" vollzieht, die jeden Teilnehmer zu einem Objekt der Transparenz machen.[12] In diesem Rahmen tragen Bilder dazu bei, alle geschützten Bereiche aufzulösen: die Privatheit, den Eigenwillen und die Insistenz auf dem Analogen. Die Herstellung einer solch herrschaftlichen wie autistischen Transparenz erzeugt jedoch keine Sichtbarkeit, sondern, wie Ottavio Paz es formuliert hat, Leere: *La transparencia es todo lo que queda.*[13] Darin, dass die Trennung von öffentlich und privat, bewusst und unbewusst, exoterisch und esoterisch von allen Seiten her bedrängt, wenn nicht aufgelöst wird, liegt der Kulturbruch unserer Zeit, der struktural zu einem weiteren Angriff auf den „Denkraum der Besonnenheit" führt, den Aby Warburg bereits zu Beginn des 20. Jahrhunderts postuliert hat.[14]

Im Rahmen dieser vielfältigen Begriffs- und Bildgeschichte können Schmitts Bemerkungen zum Behemoth aus dem *Glossarium* des Jahres 1947 aktuell gewendet werden. In seiner Unaushöhlbarkeit ist der Behemoth im Sinne Schmitts unfähig zu einer Trennung von Außen und Innen. Hierin gewinnt er ihm zufolge einen besonderen Stellenwert als Zeichen der Verweigerung gegenüber einer Transparenz, welche die Aufklärung im Wort führt, um die Überwachung selbst der privaten Rückzugsräume einzuführen. Aus dieser Perspektive bewahrt ein solcherart verstandener Behemoth etwas von der

---

12 Welzer, 2014.
13 Paz, 2001, S. 78 f.; zit. nach: Hogrebe, 2006, S. 381.
14 Warburg, 1998, Bd. I.2, S. 534.

Abb. 38: Szenenbild von Andrej Swajginzews Film Leviathan, 2014

Substanz, von der die Legitimität zehrt.[15] Den Beschluss des Europäischen Gerichtshofs vom 6. Oktober 2015, die außereuropäischen Datenspeicher nicht mehr als „safe harbour" zu klassifizieren, hätte Schmitt vermutlich in diesem Sinn gedeutet.[16]

Die Diagnose des Films

Zwei Filme der Jahre 2014 und 2015 haben versucht, die Aktualität der beiden Monstra aus dem Sturmwind des Buches Hiob auf eindringliche Weise erlebbar zu machen. Sowohl der Leviathan wie auch der Behemoth werden als Gegenmächte aufgeführt, die dem Meer und dem Land zugeordnet sind. Im 2014 uraufgeführten Film *Leviathan* des russischen Regisseurs Andrej Swajginzew wurde dieser Gedanke in grandiosen Bildern einer in die Küstennatur verlagerten Verwüstung der Politik evoziert. Roma, der Sohn des modernen Hiob Kolja, sitzt in einem enigmatischen Moment des Films weinend neben dem Skelett des Wals als dem verendeten Leviathan (Abb. 38), als wolle er Goltzius Stich vom Titelbild der

---

[15] Dies ist gedankenscharf analysiert durch: Meinel, 2014. Grundlegend bleibt: Hofmann, 1995.
[16] EUR-Lex-62014J0362 – EN, Urteil vom 6.10.2015.

Abb. 39: Szenenbild von Zhao Liangs Film Behemoth, 2015

Neuauflage von Schmitts *Leviathan* aus dem Jahr 1985 beantworten (Abb. 23).

Der Film *Behemoth* des chinesischen Regisseurs Zhao Liang, der auf dem Filmfestival von Venedig des Jahres 2015 Aufsehen erregte, vollzog dieselbe Diagnose als Aufrufung des Behemoth. Der Staatsapparat selbst wirkt in diesem filmischen Kunstwerk als renaturalisiert in das Landwesen des Buches Hiob. Die durch innere Explosionen ausgelösten Bewegungen der Erdoberfläche erscheinen als Eigenbewegungen des sich selbst zerstörenden, tellurischen Organismus Behemoth (Abb. 39), gegenüber dem der Mensch in die Nacktheit des *Homo sacer* zurückgeworfen wird.[17] Die Staaten sind implodiert in jene Teufelsmonster, als die der Behemoth wie auch der Leviathan in der mittelalterlichen Bildwelt und dann wieder in Blakes düsteren Visionen auftraten.

Die Bildwelten der Filme von Andrej Swajginzew und Zhao Liang können als Menetekel einer naturwüchsigen Zerfallsgeschichte oder als Bilder einer radikalen Klärung gedeutet werden. Beide Regisseure lassen keinen Zweifel an ihrer bewusst oder unbewusst schmittia-

---

[17] Agamben, 2002. Zur Kritik des Begriffs des „nackten Lebens": Negri, 2008, S. 208–211 und Manow, 2011, S. 172 f.

nisch geprägten Diagnose. Sie erzeugt umso stärker ihr Gegenbild, und diese Gegenfolie führt zu einer neuerlichen Bestärkung der Idee des Staates, der weder von den Interessen der Herrschenden noch von denen der Beherrschten dominiert wird. Erhofft wird erneut das Ideal des über den Varianten der *Potestas indirecta* stehenden Staates als „fiktive" Größe, wie sie Quentin Skinner vorstellt.[18] Die Erfüllung wäre eine geradezu hoffnungsvolle Renaissance des Hobbesschen Widerstreites zwischen dem Behemoth und einem Leviathan, der die Kompaktheit des Schmittschen Behemoth inkorporiert. Nicht, um den von Schmitt als Fassade diagnostizierten Schein von Herrschaft zu kritisieren, den er mit dem hobbesianischen Staat verbindet, sondern um die Trennung von Innen und Außen in einem Moment aufrechtzuerhalten, in dem das Innen des Subjekts durch indirekte Gewalten zur Fassade gemacht wird.

---

[18] Skinner, 2012, S. 87, 94.

Dank

Zu danken habe ich Carolin Behrmann, Gerd Giesler, Dieter Grimm, Stephen Holmes, Felix Jäger, Christoph Möllers, Martin Tielke und Stefan Trinks für den kritischen Blick auf den gesamten Text. Dank gilt auch den zahlreichen Hinweisen zu Einzelfragen: Peter Juhas und Andreas Höfele zur jüdischen Überlieferung, Marie Luise Knott und Margret Karras zur Identifizierung der Skulpturen von Eugen Senge-Platten, Heinrich Meier zu Überlegungen über Schmitts Bezug auf Herrad von Landsberg, Tomaž Mastnak zu Schmitts Rezeption des Behemoth-Mythos, Florian Meinel zu Walter Benjamins Fassadenbegriff und zur Ikonologie des Schweigens und Hanna Vorholt zu den Bildern des *Liber Floridus*.

Nicht minder gilt der Dank den Mitarbeitern und Kollegen Laura Goldenbaum, Leva Kochs, Anett Ladegast, Stefanie Meisgeier, Anne-Kathrin Segler, Tilmann Steger und Kolja Thurner, die den Text korrigierend und bereichernd mit Sorgfalt begleitet haben.

Literatur

Agamben, Giorgio (2002), Homo sacer. Die souveräne Macht und das nackte Leben (Übers.: Hubert Thüring), Frankfurt am Main.

Agamben, Giorgio (2014), Leviathans Rätsel (Übers.: Paul Silas Peterson; Hg.: Friedrich Hermanni), Tübingen.

Alewyn, Richard (1989), Das große Welttheater. Die Epoche der höfischen Feste, München.

Allgemeines Künstlerlexikon. Die bildenden Künstler aller Zeiten und Völker (1991ff.), Hg.: Günter Meißner, Leipzig/München.

Almeida, Hermione de/*Gilpin*, George H. (2005), Indian Renaissance: British Romantic Art and the Prospect of India, Burlington.

Ameisenowa, Zofja (1935), Das messianische Gastmahl der Gerechten in einer hebräischen Bibel aus dem XIII. Jahrhundert, in: Monatsschrift für Geschichte und Wissenschaft des Judentums, Bd. 79, S. 409–422 [Wiederabdruck in: Wenn der Messias kommt. Das jüdisch-christliche Verhältnis im Spiegel mittelalterlicher Kunst (Hg.: Lieselotte Kötzsche und Peter von der Osten-Sacken), Berlin 1984, S. 9–18.

Balke, Friedrich (1996), Der Staat nach seinem Ende. Die Versuchung Carl Schmitts, München.

Barker, Clive (Text)/*Bolton*, John (Bild) (2002), In the Hills, the Cities, in: Clive Barker, Tapping The Vein, Centerville/OH.

Barlow, Paul (2011), The Aryan Blake: Hinduism, Artr and Revelation in William Blake's Pit and Leson Paintings, in: Visual Culture in Britain, Bd. 12, Nr. 3, S. 277–292, DOI: 10.1080/14714787.2011.613320.

Bast, Jürgen (1999), Totalitärer Pluralismus. Zu Franz L. Neumanns Analysen der politischen und rechtlichen Struktur der NS-Herrschaft, Tübingen.

Batto, B. F. (1999), Behemoth, in: Dictionary of Deities and Demons in the Bible. DDD (Hg.: Karel van der Toorn, Bob Becking und Pieter W. van der Horst), Leiden/Boston/Köln, S. 165–169.

Behrmann, Almuth (1996), Das Nilpferd in der Vorstellungswelt der Alten Ägypter, 2 Bde., Frankfurt am Main u. a.

Behrmann, Carolin (2015), Tyrann und Märtyrer. Bild und Ideengeschichte des Rechts um 1600, Berlin.

Beneyto, José María (1983), Politische Theologie als politische Theorie. Eine Untersuchung zur Rechts- und Staatstheorie Carl Schmitts und zu ihrer Wirkungsgeschichte in Spanien, Berlin.

Benjamin, Walter (1974), Ursprung des deutschen Trauerspiels, in: Gesammelte Schriften (Hg.: Rolf Tiedemann und Hermann Schweppenhäuser), Bde. I–VII, Frankfurt am Main 1974–1989, Bd. I.1, S. 203–430.

Benjamin, Walter (1985), Lebenslauf, in: Gesammelte Schriften (Hg.: Rolf Tiedemann und Hermann Schweppenhäuser), Bde. I–VII, Frankfurt am Main 1974–1989, Bd. VI, S. 215–219.

Berns, Jörg Jochen (1996), Die Herkunft des Automobils aus Himmelstrionfo und Höllenmaschine, Berlin.

Berns, Jörg Jochen (2007), Himmelsmaschinen/Höllenmaschinen. Zur Technologie der Ewigkeit, Berlin.

Bibel. Nach der Übersetzung Martin Luthers. Mit Apokryphen (1985), Hg.: Evangelische Kirche in Deutschland, Stuttgart.

Biblia Sacra iuxta Vulgatam Clementiam Nova Editio (1982), Hg.: Alberto Colunga und Laurentio Turrado, Madrid.

Biehler, Birgit (2006), Theologische Elemente in Carl Schmitts politischer Philosophie und in seinem Verständnis von „Land" und „Meer", in: Leviathan, Jg. 34, Nr. 3, S. 400–417.

Bild und Bestie. Hildesheimer Bronzen der Stauferzeit (2008), Ausstellungskatalog (Hg.: Michael Brandt), Hildesheim.

Boulduc [I. Bolducius], Jacques (1637), Commentari in librum Iob, 2 Bde., Paris.

Bräm, Andreas (2007), Neapolitanische Bilderbibeln des Trecento. Anjou-Buchmalerei von Robert dem Weisen bis zu Johanna I, 2 Bde., Wiesbaden.

Bredekamp, Horst (1998), Von Walter Benjamin zu Carl Schmitt, via Thomas Hobbes, in: Deutsche Zeitschrift für Philosophie, Jg. 46, 1998, Nr. 6, S. 901–916.

Bredekamp, Horst (1999), From Walter Benjamin to Carl Schmitt, via Thomas Hobbes, in: Critical Inquiry, Bd. 25, Nr. 2, S. 247–266.

Bredekamp, Horst (1999), Thomas Hobbes. Visuelle Strategien. Der Leviathan: Urbild des modernen Staates. Werkillustrationen und Portraits, Berlin.

Bredekamp, Horst (2000), Antikensehnsucht und Maschinenglauben. Die Geschichte der Kunstkammer und die Zukunft der Kunstgeschichte, Berlin (3. Aufl.).

Bredekamp, Horst (2003), Thomas Hobbes. Der Leviathan. Das Urbild des modernen Staates und seine Gegenbilder 1651–2001, Berlin.

Bredekamp, Horst (2006) (3. korr. Aufl.), Thomas Hobbes. Der Leviathan. Das Urbild des modernen Staates und seine Gegenbilder. 1651–2001, Berlin.

Bredekamp, Horst (2008), Der König der Könige als simulierter Android, in: Der Mensch als Konstrukt. Festschrift für Rudolf Drux zum 60. Geburtstag (Hg.: Rolf Füllmann, Juliane Kreppel, Ole Löding, Judith Leiß, Detlef Haberland und Ulrich Port), Bielefeld, S. 15–44.

Bredekamp, Horst (2008), Der Künstler als Verbrecher. Ein Element der frühmodernen Rechts- und Staatstheorie, München.

Bredekamp, Horst (2009), Behemoth als Partner und Feind des Leviathan. Zur politischen Ikonologie eines Monstrums (TranState Working Papers, Nr. 98), Bremen: Sfb 597 „Staatlichkeit im Wandel".

Bredekamp, Horst (2009), Behemoth als Partner und Feind des Leviathan. Zur politischen Ikonologie eines Monstrums, in: Leviathan, Bd. 37, S. 429–475.

Bredekamp, Horst (2009), Die „Charaktermasken" von Karl Marx, in: Wir sind Maske (Hg.: Sylvia Ferino-Pagden), Ausstellungskatalog, Wien, S. 51–53.

Bredekamp, Horst (2010), Theorie des Bildakts. Frankfurter Adorno-Vorlesungen 2007, Berlin.

Bredekamp, Horst (2011), Von der Schamlosigkeit zur großen Form, in: Scham und Schamlosigkeit. Grenzverletzung in Literatur und Kultur der Vormoderne (Hg.: Katja Gvodeza und Hans Rudolf Velten), Berlin/Boston, S. 223–263.

Bredekamp, Horst (2012), Behemoth als Partner und Feind des Leviathan. Zur politischen Ikonologie eines Monstrums, in: Die Bilder des Leviathan. Eine Deutungsgeschichte (Hg.: Philip Manow, Friedbert W. Rüb, Dagmar Somin, Baden-Baden, S. 157–217.

Bredekamp, Horst (2015), Walter Benjamin's Esteem for Carl Schmitt, in: The Oxford Handbook of Carl Schmitt (Hg.: Jens Meierhenrich und Oliver Simons), Online Publication, Jan 2015, DOI: 10.1093/oxfordhb/9780 1999 16931.013.38.

Bredekamp, Horst/*Trinks*, Stefan (2015), Das Prinzip der Junktion. Antike Zeitzeugenschaft vom Fernando-Kreuz bis zum Pórtico de la Gloria, in:

Santiago de Compostela. Pilgerarchitektur und bildliche Repräsentation in neuer Perspektive (Hg.: Bernd Nicolai und Klaus Rheidt), Berlin/Brüssel u. a., S. 408–423.

Buchstein, Hubertus (2002), Eine heroische Versöhnung von Freiheit und Macht. Zur Spannung zwischen Demokratie- und Gesellschaftstheorie im Spätwerk von Franz L. Neumann, in: Kritische Theorie der Politik. Franz L. Neumann – eine Bilanz (Hg.: Mattias Iser und David Strecker), Baden-Baden, S. 179–199.

Buschbeck, Hasso (1919), Der Pórtico de la Gloria von Santiago de Compostela. Beiträge zur Geschichte der französischen und der spanischen Skulptur im XII. Jahrhundert, Berlin/Wien.

Caquot, André (1975), Léviathan et Béhémoth dans la Troisième „Parabole" d'Hénoch, in: Semitica, Bd. 25, S. 111–122.

Caquot, André (1996), Béhémot, in: Semitica, Bd. 45, S. 49–64.

Castiñeiras, Manuel (2015), The Topography of Images in Santiago Cathedral. Monks, Pilgrims, Bishops, and the Road to Paradise, in: Culture and Society in Medieval Galicia. A Cultural Crossroad at the Edge of Europe (Hg.: James d'Emilio), Leiden/Boston, S. 631–694.

Codurcus, Philippus (1651), Libri Job, versio nova ex hebraeo cum scholis, Paris.

Collin de Plancy, Jacques Albin Simon (1818), Dictionnaire Infernal, Paris.

Collin de Plancy, Jacques Albin Simon (1863), Dictionnaire Infernal ou Recherches et Anecdotes sur les Démons [etc.], Paris.

Comestor, Petrus (1855), Historia Scholastica. Libri Exodus, in: Patrologia Latina, Bd. 198, col. 1149–1722.

Connors, Joseph (2000), San Carlo alle Quattro Fontane, in: Borromini. Architekt im barocken Rom, Ausstellungskatalog (Hg.: Richard Böse und Christoph Luitpold Frommel), Mailand, S. 325–329.

Corpvs Hermeticvm (1973), Hg.: Arthur Darby Nock, Übers.: Andre-Jean Festugière, Bd. II, Asclepivs, Paris.

Couroyer, B. (1975), Qui est Béhémoth? Job, XL, 15–24, in: Revue Biblique, Bd. 82, S. 418–443.

Courtois, Christian (1955), Les Vandales et l'Afrique, 2 Bde., Paris.

Creveld, Martin van (1999), Aufstieg und Untergang des Staates, München.

Damler, Daniel (2012), Der Staat der Klassischen Moderne, Berlin.

Danneberg, Lutz (2006), Aufrichtigkeit und Verstellung im 17. Jahrhundert. dissimulatio, simulatio und Lügen als debitum morale und sociale, in:

Die Kunst der Aufrichtigkeit im 17. Jahrhundert (Hg.: Claudia Benthien und Steffen Martus), Tübingen 2006, S. 45–92.

Das Corpus Hermeticum Deutsch. Übersetzung, Darstellung und Kommentierung (1997), Hg.: Carsten Colpe und Jens Holzhausen, Teil 1: in drei Teilen, Die griechischen Traktate und der lateinische ‚Asclepius' (Übers.: Jens Holzhausen), Stuttgart/Bad Cannstatt.

Day, John (1985), God's conflict with the dragon and the sea. Echoes of a Canaanite myth in the Old Testament, Cambridge.

Derolez, Albert (1998), The Autograph Manuscript of the Liber Floridus. A Key to the Encyclopedia of Lambert of Saint-Omer, Turnholti.

Derolez, Albert (2015), The Making and Meaning of the Liber Floridus. A Study of the Original Manuscript Ghent, University Library, MS 92, London.

Derrida, Jacques, Das Tier und der Souverän I (Hg.: Michel Lisse, Marie-Louise Mallet und Ginette Michaud; Übers.: Markus Sedlaczek), Wien 2015.

Drewer, Lois (1981), Leviathan, Behemoth and Ziz: A Christian Adaptation, in: Journal of the Warburg and Courtauld Institutes, Bd. 44, S. 148–156.

Ebach, Jürgen (1984), Leviathan und Behemoth: eine biblische Erinnerung wider die Kolonisierung der Lebenswelt durch das Prinzip der Zweckrationalität, Paderborn/München/Wien/Zürich.

Encyclopédie ou Dictionnaire raisonné des sciences, des arts et des métiers (Hg.: Denis Diderot und Jean Baptiste Le Rond d'Alembert), Paris 1751–1780.

Endres, Franz Carl/*Schimmel*, Annemarie (1984), Das Mysterium der Zahl. Zahlensymbolik im Kulturvergleich, Köln.

Erich, Oswald (1983), Antichrist, in: Reallexikon zur deutschen Kunstgeschichte, Bd. I, München 1983, col. 720–729.

Fach, Wolfgang (2008), Editorial, in: Behemoth. A Journal on Civilisation, Bd. 1, Nrn. 1–2, S. 1–2.

Flemming, Johannes/*Radermacher*, Ludwig (1901), Das Buch Henoch, Leipzig.

Fraser, Nancy (2008), Abnormal Justice, in: Critical Inquiry, Bd. 34, Nr. 3, S. 393–422.

Freund, Julien (1988), Der Partisan oder der kriegerische Friede, in: Complexio Oppositorum. Über Carl Schmitt. Vorträge und Diskussionsbeiträge des 28. Sonderseminars 1986 der Hochschule für Verwaltungswissenschaften Speyer (Hg.: Helmut Quaritsch), Berlin 1988, S. 387–399.

Freund, Julien (1990), Choix de quelques lettres de la correspondence de Carl Schmitt, in: Schmittiana. Beiträge zu Leben und Werk Carl Schmitts (Hg.: Piet Tommissen), Bd. II, Berlin, S. 31–71.

Fricke, Beate (2013), Behemoth and Double Origins in Genesis, in: Synergies in Visual Culture. Bildkulturen im Dialog. Festschrift für Gerhard Wolf (Hg.: Manuela de Giorgio, Annette Hoffmann und Nicola Suthor), München, S. 287–299.

Ginzberg, Louis (1910), The Legends of the Jews, Bd. II: From Joseph to the Exodus: Bible Times and Characters (Übers.: Henrietta Szold), Philadelphia.

Ginzberg, Louis (1909), The Legends of the Jews, Bd. I: Bible Times and Characters from the Creation to Jacob, Philadelphia.

Gregor der Große, Moralia in Iob (Hg.: Marcus Adriaen), Bd. I = Corpus Christianorum, Series Latina Bd. CXLIII A (1979), Bd. II = Bd. CXLIII B (1979), Bd. III = Bd. CXLIII C (1985), Turnhout.

Grimm, Dieter (2012), Die Zukunft der Verfassung, 2 Bde., II.: Auswirkungen von Europäisierung und Globalisierung, Berlin.

Grimm, Dieter (2015), Auf der Suche nach Akzeptanz. Über Legitimationsdefizite und Legitimationsressourcen der Europäischen Union, in: Leviathan, Bd. 43, Nr. 3, S. 325–338.

Groh, Ruth (1998), Arbeit an der Heillosigkeit der Welt. Zur politisch-theologischen Mythologie und Anthropologie Carl Schmitts, Frankfurt am Main.

Gumbrecht, Hans Ulrich (2012), Präsenz (Hg.: Stefan Isidor Klein), Berlin.

Gunkel, Hermann (1921 [1895]), Schöpfung und Chaos in Urzeit und Endzeit. Eine religionsgeschichtliche Untersuchung über Gen 1 und Ap Joh 12, Göttingen.

Gutmann, Joseph (1968), Leviathan, Behemoth and Ziz: Jewish Messianic Symbols in Art, in: Hebrew Union College Annual, Bd. XXXIX, S. 219–230.

Hamann, Johann Georg (1956 [1784]), Golgatha und Scheblimini (Hg.: Lothar Schreiner), Gütersloh.

Hamblen, Emily S. (1965), Interpretation of William Blake's Job. Its Ancient Wisdom and Mystic Ways, New York.

Hammerstein, Reinhold (1986), Macht und Klang. Tönende Automaten als Realität und Fiktion in der alten und mittelalterlichen Welt, Bern.

Hardt, Michael/*Negri*, Antonio (2002), Empire. Die neue Weltordnung, Frankfurt/New York.

Hasan-Rokem, Galit (2008), Carl Schmitt and Ahasver. The Idea of the State and the Wandering Jew, in: Behemoth. A Journal on Civilization, Nr. 2, S. 4–25.

Heerich, Thomas/*Lauermann*, Manfred (1991), Der Gegensatz Hobbes-Spinoza bei Carl Schmitt (1938), in: Central theme: The ethics in the „ethics", Studia Spinozana, Bd. 7, Würzburg, S. 97–160.

Hegel, Georg Friedrich Wilhelm (1970), Phänomenologie des Geistes, Theorie-Werkausgabe (Hg.: Eva Moldenhauer und Karl Markus Michel), Bd. 3, Frankfurt am Main.

Heil, Susanne (1996), „Gefährliche Beziehungen". Walter Benjamin und Carl Schmitt, Stuttgart.

Heitzmann, Christian/*Carmassi*, Patrizia (2013), Der Liber floridus in Wolfenbüttel. Eine Prachthandschrift über Himmel und Erde, Darmstadt.

Herrad of Landsberg (1901 [Faksimile: New York 1977]), Hortus Deliciarum (Garden of Delights) (Kommentare und Anm.: A. Straub und G. Keller, Übers.: Aristide D. Caratzas), New Rochelle/NY.

Hinz, Berthold (1970), Der „Bamberger Reiter", in: Das Kunstwerk zwischen Wissenschaft und Weltanschauung (Hg.: Martin Warnke), Gütersloh, S. 26–44.

Hobbes's Behemoth (2009). Religion and Democracy (Hg.: Tomaž Mastnak), Exeter/Charlottesville.

Hobbes, Thomas (1682), Behemoth, The History of the Causes of the Civil-Wars of England, from 1640 to 1660, London.

Hobbes, Thomas (1889), Behemoth or the Long Parliament (Hg.: Ferdinand Tönnies), London.

Hobbes, Thomas (1967), Elemente der Philosophie. 1. Vom Körper (Hg. u. Übers.: Max Frischeisen-Köhler), Hamburg.

Hobbes, Thomas (1990), Behemoth or the Long Parliament (Hg.: Ferdinand Tönnies, Vorwort: Stephen Holmes), Chicago/London.

Hobbes, Thomas (1991 [1651]), Leviathan. Revised Student Edition (Hg.: Richard Tuck), Cambridge u. a.

Hobbes, Thomas (2015), Behemoth oder Das Lange Parlament (Übers. u. Hg.: Peter Schröder), Hamburg 2015.

Höffe, Otfried, Thomas Hobbes, München 2010.

Hofmann, Hasso (1995, 3. Aufl.), Legitimität gegen Legalität. Der Weg der politischen Philosophie Carl Schmitts, Berlin.

Hogrebe, Wolfram (2006), Echo des Nichtwissens, Berlin.

Holmes, Stephen (1990), Introduction, in: Thomas Hobbes, Behemoth or the Long Parliament (Hg.: Ferdinand Tönnies), Chicago/London, S. vii–xl.

Holmes, Stephen (1993), The Anatomy of Antiliberalism, Cambridge/Mass.

Intelmann, Peter (1990), Zur Biographie von Franz L. Neumann, in: Zeitschrift für Sozialgeschichte des 20. und 21. Jahrhunderts, Bd. 5, Nr. 1, S. 14–52.

Isidor von Sevilla (2008), Die Enzyklopädie des Isidor von Sevilla (Übers.: Lenelotte Möller), Wiesbaden.

Janzing, Godehard (2012), Stille Größe. Kunstideal und Wehrgedanke bei Schadow, David und Goya, Berlin.

Jünger, Ernst/*Schmitt*, Carl (2012), Briefe 1930–1983, 2. Aufl. (Hg.: Helmuth Kiesel. Transkription der Briefe: Isolde Kiesel), Stuttgart.

Juhás, Peter/*Lapko*, Róbert (2015), Aspis und Draqōnē und die mythologischen Wesen der Syrischen Baruch-Apokalypse, in: Ephemerides theologicae Lovanienses, Bd. 91, Nr. 1, S. 131–144.

Kassner, Rudolf (1942), Faust und der Barockmensch, in: Europäische Revue, Bd. XVIII, 1942, Nr. 1, S. 199–213 [Wiederabdruck in: Kassner, Rudolf (1986), Sämtliche Werke, Bd. 8, Pfullingen, S. 63–93].

Keel, Othmar (1978), Jahwes Entgegnung an Ijob. Eine Deutung von Ijob 38–41 vor dem Hintergrund der zeitgenössischen Bildkunst, Göttingen.

Kisoudis, Dimitrios (2011), Don Carlos, der Alte von Plettenberg, in: Frankfurter Allgemeine Zeitung, 5. November, Nr. 258, S. 0Z3.

Koenen, Andreas (1995), Der Fall Carl Schmitt. Sein Aufstieg zum „Kronjuristen des Dritten Reiches", Darmstadt.

Kosmopolis der Wissenschaft (1989). E. R. Curtius und das Warburg Institute. Briefe und andere Dokumente (Hg.: Dieter Wuttke), Baden-Baden.

Kris, Ernst, (2000 [1952]), Psychoanalytic Explorations in Art, Madison/Conn.

Kulik, Alexander (2009), ‚The Mysteries of Behemoth and Leviathan' and the Celestial Bestiary of „3 Baruch", in: Le Muséon, Bd. 122, Nr. 3, S. 291–329.

Laak, Dirk van (1993), Gespräche in der Sicherheit des Schweigens. Carl Schmitt in der politischen Geistesgeschichte der frühen Bundesrepublik, Berlin.

Lauermann, Manfred (1993), Georg Lukács und Carl Schmitt. Eine Diskursüberschneidung, in: Diskursüberschneidungen – Georg Lukács und andere: Akten des Internationalen Georg-Lukács-Symposiums „Perspektiven der Forschung", Essen 1989 (Hg.: Werner Jung), Bern/Berlin/Frankfurt am Main u. a., S. 71–86.

Lauermann, Manfred (2000), Freiheit als zivilreligiöses Formular bei Spinoza: diverse Bielefelder Dekonstruktionen, in: Etappe, Heft 15, Herbst 2000, S. 49–99.

Lehnardt, Andreas (2009), Leviathan und Behemoth. Mythische Urwesen in der mittelalterlichen jüdischen Tradition, in: Tiere und Fabeln im Mittelalter (Hg.: Sabine Obermaier), Berlin/New York, S. 105–129.

Lindberg, Bo (1973), William Blake's Illustrations to the Book of Job, Åbo.

Lopez Garcia, Jose Antonio (1996), La Presencia de Carl Schmitt en España, in: Revista de Estudios Politicos (Nueva Epoca), 1996, Nr. 91, S. 139–168.

Losano, Mario G. (2000), Der nationale Staat zwischen Regionalisierung und Globalisierung, in: Darstellung: Korrespondenz (Hg.: Jörg Huber), Zürich, S. 187–213.

Magrini, Sabina (2005), La Bibbia di Matheus de Planisio (Vat. lat. 3550, I–III): documenti e modelli per lo studio della produzione scritturale in età angionina, in: Codices manuscripti. Zeitschrift für Handschriftenkunde, Heft 50/51, S. 1–16.

Malcolm, Noel (2007), The Name and Nature of Leviathan: Political Symbolism and Biblical Exegesis, in: Intellectual History Review, Bd. 17, Nr. 1, S. 21–39.

Manow, Philip (2008), Im Schatten des Königs. Die politische Anatomie demokratischer Repräsentation, Frankfurt am Main.

Manow, Philip (2011), Politische Ursprungsphantasien. Der Leviathan und sein Erbe, Konstanz.

Maschke, Günter (1982), Zum „Leviathan" von Carl Schmitt, in: Carl Schmitt, Der Leviathan in der Staatslehre des Thomas Hobbes. Sinn und Fehlschlag eines politischen Symbols (Hg.: Günter Maschke), Köln, S. 179–244.

Maschke, Günter (1995), Anhang des Herausgebers, in: Carl Schmitt, Staat, Großraum, Nomos. Arbeiten aus den Jahren 1916–1969 (Hg.: Günter Maschke), Berlin 1995, S. 400.

Maschke, Günter (1995), Vorwort, in: Carl Schmitt, Staat, Großraum, Nomos. Arbeiten aus den Jahren 1916–1969 (Hg.: Günter Maschke), Berlin 1995, S. XIII–XXVII.

Mastnak, Tomaž (2009), Introduction: The Ways of Behemoth, in: Hobbes's Behemoth. Religion and Democracy, Hg.: Tomaž Mastnak, Exeter und Charlottesville 2009, S. 1–37.

Mastnak, Tomaž (2010), Schmitt's Behemoth, in: Critical Review of International Social and Political Philosophy, Bd. 13, Nr. 2–3, S. 275–296.

Mehring, Reinhard (2007), Otto Kirchheimer und der Links-Schmittismus, in: Der Staat des Dezisionismus. Carl Schmitt in der internationalen Diskussion (Hg.: Rüdiger Voigt), Baden-Baden 2007, S. 60–82.

Mehring, Reinhard (2009), Carl Schmitt. Aufstieg und Fall, München.

Mehring, Reinhard (2012), Das Lachen der Besiegten. Carl Schmitt und Gelimer, in: Zeitschrift für Ideengeschichte, Jg. 6, Nr. 1, S. 32–45.

Meier, Heinrich (2009), Die Lehre Carl Schmitts. Vier Kapitel zur Unterscheidung Politischer Theologie und Politischer Philosophie, Dritte Auflage mit einem Rückblick: Der Streit um die Politische Theologie, Stuttgart/Weimar.

Meinel, Florian (2014), Die Legalisierung der Legitimation. Zu einem deutschen Verfassungsproblem, in: Merkur, Nr. 784, S. 767–779.

Möllers, Christoph (2008), Der vermisste Leviathan. Staatstheorie in der Bundesrepublik, Frankfurt am Main.

Möllers, Christoph (2015), Krisenzurechnung und Legitimationsproblematik in der Europäischen Union, in: Leviathan, Bd. 43, Nr. 3, S. 339–362.

Müller, Jan-Werner (2007), Ein gefährlicher Geist. Carl Schmitts Wirkung in Europa, Darmstadt.

Müller, Tim B. (2010), Krieger und Gelehrte. Herbert Marcuse und die Denksysteme im Kalten Krieg, Hamburg.

Müller-Wiener, Martina (2007), Vom irdischen Paradies zum höfischen Theater. Islamische Automaten und mechanische Konstruktion des 9. bis 13. Jahrhunderts, in: Eothen, Bd. IV, S. 143–162.

Muir Wright, Rosemary (1995), Art and Antichrist in Medieval Europe, Manchester/New York.

Negri, Antonio (2008), The Political Monster. Power and naked Life, in: In Praise of the Common (Hg.: Cesare Casarino und Antonio Negri), Minneapolis, S. 193–218.

Neumann, Franz L. (1942), Behemoth. The Structure and Practice of National Socialism, New York/London.

Neumann, Franz L. (1944), Behemoth. The Structure and Practice of National Socialism 1933–1944, Toronto/New York/London.

Neumann, Franz L. (1984), Behemoth. Struktur und Praxis des Nationalsozialismus 1933–1944 (Hg.: Gert Schäfer), Frankfurt am Main.

Neumann, Volker (2009), Entzauberung des Rechts? Franz Neumann und Carl Schmitt, in: Kritische Theorie des Staates. Staat und Recht bei Franz L. Neumann (Hg.: Samuel Salzborn), Baden Baden, S. 79–103.

Panofsky, Erwin (1990), Die Renaissancen der europäischen Kunst, Frankfurt am Main.

Panofsky, Erwin (2005), Was ist Barock? What is Baroque? (Hg.: Michael Glasmeier und Johannes Zahlten), Berlin.

Paz, Ottavio (2001), Das fünfarmige Delta, Frankfurt am Main.

Peyrère, Isaac de La (1655), Prae-Adamitae. Sive Exercitatio super Versibus duodecimo, decimotertio, & decimoquarto, capitis quinti Epistolae D.Pauli ad Romanos, Quibus inducuntur Primi Homines ante Adamum conditi, [Amsterdam].

Pietsch, Andreas (2012), Isaac La Peyrère. Bibelkritik, Philosemitismus und Patronage in der Gelehrtenrepublik des 17. Jahrhunderts, Berlin.

Piron, Sylvain (2015), Dialectique du Monstre. Enquête sur Opicino de Canistris. Nachwort: Philippe Nuss, o. O.: Zones Sensibles. Pactum serva.

Poesch, Jessie (1970), The Beasts from Job in the LIBER FLORIDUS Manuscripts, in: Journal of the Warburg and Courtauld Institutes, Bd. 33, S. 41–51.

Procopius (1916), History of the Wars. Books III–IV (Hg. und Übers.: H. B. Dewing), Cambridge/Mass.

Raine, Kathleen (1982), The Human Face of God. William Blake and the Book of Job, Over Wallop (Hampshire).

Reinhard, Wolfgang (1999), Geschichte der Staatsgewalt. Eine vergleichende Verfassungsgeschichte Europas von den Anfängen bis zur Gegenwart, München.

Rüffer, Jens (2013/14), Der Ordo Prophetarum als ikonographische Inspirationsquelle für den Pórtico de la Gloria der Kathedrale von Santiago de Compostela?, in: Mitteilungen der Carl Justi-Vereinigung E.V. zur Förderung der kunstwissenschaftlichen Zusammenarbeit mit Spanien und Portugal, Jg. 25/26, S. 15–41.

Ruprecht, Eberhard (1971), Das Nilpferd im Hiobbuch. Beobachtungen zu der sogenannten zweiten Gottesrede, in: Vetus Testamentum, Bd. 21,2, S. 219–231.

Salomon, Richard Georg (1936), Opicinus de Canistris. Weltbild und Bekenntnis eines Avignonesischen Klerikers des 14. Jahrhunderts, = Studies of the Warburg Institut, Bd. I, 2 Bde. A und B, London 1936.

Schirmann, Jefim (1970), The Battle Between Behemoth and Leviathan According to an Ancient Hebrew Piyyut, in: Proceedings of the Israel Academy of Sciences and Humanities, Bd. IV, Nr. 13, S. 327–348.

Schmitt, Carl (1923), Die geistesgeschichtliche Lage des heutigen Parlamentarismus, in: Bonner Festschrift für E. Zitelmann (Hg.: Paul Krüger), München/Leipzig 1923, S. 413–473.

Schmitt, Carl (1926), Die geistesgeschichtliche Lage des heutigen Parlamentarismus, 2. Aufl., München/Leipzig.

Schmitt, Carl (1933), Staat, Bewegung, Volk: Die Dreigliederung der politischen Einheit, Hamburg 1933.

Schmitt, Carl (1938), Der Leviathan in der Staatslehre des Thomas Hobbes. Sinn und Fehlschlag eines politischen Symbols, Hamburg.

Schmitt, Carl (1939), Völkerrechtliche Großraumordnung mit Interventionsverbot für raumfremde Mächte. Ein Beitrag zum Rechtsbegriff im Völkerrecht, Berlin/Leipzig/Wien.

Schmitt, Carl (1941), Das Meer gegen das Land, in: Das Reich, 9.3.1941, S. 1–2.

Schmitt, Carl (1941), Das Reich und Europa (Geleitw.: Paul Ritterbusch), Leipzig, S. 79–105.

Schmitt, Carl (1941), Sovranità dello Stato e libertà dei mari, in: Rivista di studi politici internazionali, Bd. 8, S. 60–91.

Schmitt, Carl (1943), Behemoth, Leviathan und Greif. Vom Wandel der Herrschaftsformen, in: Deutsche Kolonialzeitung, Jg. 55, Nr. 2, S. 30–33.

Schmitt, Carl (1950), Ex Captivitate Salus. Erfahrungen der Zeit 1945/47, Köln.

Schmitt, Carl (1982), Der Leviathan in der Staatslehre des Thomas Hobbes. Sinn und Fehlschlag eines politischen Symbols (Hg.: Günter Maschke), Köln.

Schmitt, Carl (1985 [1925]), Römischer Katholizismus und politische Form, Stuttgart.

Schmitt, Carl (1985 [1956]), Hamlet oder Hekuba. Der Einbruch der Zeit in das Spiel, Stuttgart.

Schmitt, Carl (1990), 1907 Berlin, in: Schmittiana, Bd. 1 (Hg.: Piet Tommissen), S. 13–21.

Schmitt, Carl (1991), Glossarium. Aufzeichnungen der Jahre 1947–1951 (Hg.: Eberhard Freiherr von Medem), Berlin.

Schmitt, Carl (1993, 5. Aufl. [1932]), Legalität und Legitimität, München/ Leipzig.

Schmitt, Carl (1995), Staat, Großraum, Nomos. Arbeiten aus den Jahren 1916–1969 (Hg.: Günter Maschke), Berlin.

Schmitt, Carl (1995, 5. Aufl. [1963]), Theorie des Partisanen. Zwischenbemerkung zum Bergiff des Politischen, Berlin.

Schmitt, Carl (1996 [1922]), Politische Theologie. Vier Kapitel zur Lehre von der Soveränität, 7. Aufl., Berlin.

Schmitt, Carl (2010), Tagebücher 1930–1934 (Hg.: Wolfgang Schuller in Zusammenarbeit mit Gerd Giesler), Berlin.

Schmitt, Carl (2015), Glossarium. Aufzeichnungen aus den Jahren 1947 bis 1958 (Hg.: Gerd Giesler und Martin Tielke), Berlin.

Schmitt, Carl/*Forsthoff*, Ernst (2007), Briefwechsel Ernst Forsthoff Carl Schmitt (1926–1974). Hrsg. von Dorothee Mußgnug, Reinhard Mußgnug und Angela Reinthal, in Zusammenarbeit mit Gerd Giesler und Jürgen Tröger, Berlin.

Schmitt und Sombart (2015). Der Briefwechsel von Carl Schmitt mit Nicolaus, Corina und Werner Sombart (Hg.: Martin Tielke), Berlin.

Schröder, Peter (2015), Einleitung, in: Hobbes, Thomas (2015), Behemoth oder Das Lange Parlament (Übers. u. Hg.: Peter Schröder), Hamburg 2015, S. VII–LIII.

Schuhmann, Karl (1985), Rapidità del Pensiero e Ascensione al Cielo: alcuni Motivi Eremetici in Hobbes, in: Rivista di storia della filosofia, Bd. 40, Nr. 2, S. 203–27.

Schuhmann, Karl (1986), Thomas Hobbes und Francesco Patrizi, in: Archiv für Geschichte der Philosophie, Bd. LXVIII, S. 253–279.

Schuhmann, Karl (1990), Hobbes and Renaissance Philosophy, in: Hobbes oggi (Hg.: Andrea Napoli), Mailand, S. 331–349.

Seidel, Max (2007), La scopera del sorriso. Vie di Diffusione del Gotico francese (Italia centrale, 1315–35), in: Mitteilungen des Kunsthistorischen Instituts in Florenz, Bd. LI, Heft 1/2, S. 47–158.

Skinner, Quentin (2012), Die drei Körper des Staates (Übers.: Karin Wördemann), Göttingen.

Sorell, Tom (2009), Schmitt, Hobbes and the Politics of Emergency, in: Hobbes's Behemoth. Religion and Democracy, Hg.: Tomaž Mastnak, Exeter/Charlottesville, S. 294–311.

Spuren der Avantgarde: Theatrum machinarum. Frühe Neuzeit und Moderne im Kulturvergleich (2008), Hg.: Helmar Schramm, Ludger Schwarte, Jan Lazardzig, Berlin/New York.

Stiefel, Ernst C./*Mecklenburg*, Frank (1991), Deutsche Juristen im amerikanischen Exil (1933–1950), Tübingen.

Strauss, Leo (1930), Die Religionskritik Spinozas als Grundlage seiner Bibelwissenschaft. Untersuchungen zu Spinozas theologisch-politischem Traktat, Berlin.

The Holy Bible. New International Version (1978), Hg.: New York International Bible Society, New York.

The Oxford Handbook of Carl Schmitt (Hg.: Jens Meierhenrich und Oliver Simons), Online Publication, Jan 2015, DOI: 10.1093/oxfordhb/9780 1999 16931.013.38.

Tönnies, Ferdinand (1896), Hobbes Leben und Lehre, Stuttgart.

Tönnies, Ferdinand (1912, 2.Aufl.), Thomas Hobbes. Der Mann und der Denker, Stuttgart.

Traverso, Enzo (2008), Im Bann der Gewalt. Der europäische Bürgerkrieg 1914–1945 (Übers.: Michael Bayer), München.

Trinks, Stefan (2012), Von Santiago nach Naumburg und zurück. Die Naumburger Stifterfiguren in ihren europäischen Außenbezügen, in: Der Naumburger Meister. Bildhauer und Architekt im Europa der Kathedralen. Tagungsband; Schriftenreihe der Vereinigten Domstifter zu Merseburg und Naumburg und des Kollegiatstifts Zeitz (Hg.: Hartmut Krohm und Holger Kunde), Peterberg 2012, S. 218–241.

Trinks, Stefan (2014), The Cathedral of Santiago de Compostela as a Tactile Theatre, in: Bildakt at the Warburg Institute (Hg.: Sabine Marienberg und Jürgen Trabant), = Actus und Imago. Berliner Schriften für Bildaktforschung und Verkörperungsphilosophie, Bd. XII (Hg.: Horst Bredekamp und Jürgen Trabant), Berlin/Boston, S. 189–220.

Vorholt, Hanna (2016), The Shaping of Knowledge. The Transmission of the Liber Floridus [im Druck].

Wakeman, Mary K. (1973), God's Battle with the Monster. Study in Biblical Imagery, Leiden.

Warburg, Aby (1998), Die Erneuerung der heidnischen Antike. Kulturwissenschaftliche Beiträge zur Geschichte der europäischen Renaissance (= Aby Warburg. Gesammelte Schriften. Studienausgabe, Erste Abteilung, Bde. I,1 und I,2), Berlin 1998.

Warnach, Walter (1967), Eugen Senge-Platten, Recklinghausen.

Warnach, Walter (1982 [1960]), Chimären vor Schloß A.....haus oder Die verlorene Niederlage, in: ders., Wege im Labyrinth. Schriften zur Zeit (Hg.: Karl-Dieter Ulke, Vorwort: Heinrich Böll), Pfullingen, S. 312–337.

Welzer, Harald (2014), Viel Grund zur Beunruhigung. Transparenz & Totalitarismus, in: Agora, Nr. 42, S. 18–22.

Weyer, Johan [alias Ioannis Wieri] (1563), De Praestigiis daemonum, et incantationibus ac veneficiis Libri sex, Basel.

Whitney, K. William (2006), Two Strange Beasts: Leviathan and Behemoth in the Second Temple and Early Rabbinic Judaism, Winona Lake (Indiana), S. 142–180.

Whittington, Karl (2014), Body-Worlds. Opinicus de Canistris and the Medieval Cartographic Imagination, Toronto.

Wicksteed, Joseph H. (1924 [1910]), Blake's Vision of the Book of Job, London, 2. Aufl. London/New York.

William Blake (1757–1827). Le génie visionnaire du romantisme anglais (2009), Ausstellungskatalog (Hg.: Michael Philips unter Mitarbeit von Catherine de Bourgoing), Paris.

William Blake 1757–1827 (1975), Ausstellungskatalog, Frankfurt am Main.

Wright, Andrew (1972), Blake's Job. A Commentary, Oxford.

Zellinger, Johannes (1925), Der geköderte Leviathan im Hortus deliciarum der Herrad von Landsperg, in: Historisches Jahrbuch der Görres-Gesellschaft, Bd. 45, 1925, S. 161–177.

Zerfasert der Nationalstaat? Die Internationalisierung politischer Verantwortung (2008), Hg.: Achim Hurrelmann, Stephan Leibfried, Kerstin Martens und Peter Mayer, Frankfurt am Main 2008.

Zürcher Bibel (2007), Hg.: Kirchenrat der Evangelisch-reformierten Landeskirche des Kantons Zürich, Zürich.

Verzeichnis der Historischen Personen

Arcimboldo, Giuseppe 15

Beckmann, Max 78
Belisarius 85
Benjamin, Walter 5, 70 f.
Beuys, Joseph 86
Blake, William 41–49, 59, 63, 91–93, 98
Boulduc, Jacques 15
Breton, Louis 49–52, 91

Codurc, Philippe 50, 56
Collin de Plancy, Jacques 50–52
Comestor, Petrus 31, 33
Courtois, Christian 83, 85

d'Alembert, Jean Baptiste le Rond 50
Derrida, Jacques 95
Diderot, Denis 50

Eleazar be-Rabbi Quallir *s. unter* Kalir

Ferdinand <I., Kaiser von Österreich> 71
Forsthoff, Ernst 80 f., 85
Freund, Julien 81 f., 85
Friedrich <König von Preußen, II.> 59

Gelimer <König der Vandalen> 83, 85 f., 89

Goltzius, Hendrick 63 f., 97
Goya, Francisco de 39 f.
Gregor <I., Papst> 21

Hamann, Johann Georg 59
Hegel, Georg Friedrich Wilhelm 11
Herrad von Landsberg 60–62
Hobbes, Thomas 6, 13 f., 15–17, 27, 29, 37–39, 41, 47, 49, 53–56, 58 f., 63–5, 69, 70–72, 91 f., 95, 99
Horkheimer, Max 65

Isidor von Sevilla 20 f.

Jünger, Ernst 57, 85
Justinian <I., byzant. Kaiser> 85

Kalir, Eleazar ben Eleazar 78
Kassner, Rudolf 69 f.

Lambert von Saint-Omer 21–26
Lenin 65
Liang, Zhao 98
Louis-Philippe <König von Frankreich> 71
Ludwig <XIII., König von Frankreich> 70 f.

Verzeichnis der Historischen Personen

Marx, Karl 69
Matteo de Planisio 32–35
Meister Mateo 79 f., 83 f.
Milton, John 41

Napoleon Bonaparte 41
Nelson, Horatio 41 f., 44 f., 49
Neumann, Franz L. 64–68

Opicinius de Canistris 27–29, 56

Panofsky, Erwin 73, 81
Paz, Ottavio 96
Peyrère, Isaac de La 57 f.
Pitt, William 43–45, 49
Plancy *s. unter* Collin
Plon, Henri 49
Prokopius <Caesariensis> 85

Richelieu, Armand-Jean de 70 f.
Rudolf <II, Kaiser des Hl. Röm. Reiches> 15

Salomo <König von Israel> 11 f.
Schmitt, Carl 5 f., 13, 17, 50, 54–61, 63–73, 76–78, 80–83, 85–91, 94–99
Schnitzler, Lilly von 78, 81
Schnitzler, Georg von 78
Senge-Platten, Eugen 87–89
Shakespeare, William 70 f.
Spinoza, Baruch 58, 63 f., 71
Swajginzew, Andrej 97 f.

Tönnies, Ferdinand 53 f., 72

Wallenstein, Albrecht von 70 f.
Warburg, Aby 96
Warnach, Walter 86 f.
Weyer (Wierus), Johannes 50

Zetkin, Clara 65

Carl Schmitt

Glossarium

Aufzeichnungen aus den Jahren 1947 bis 1958

Hrsg. von Gerd Giesler und Martin Tielke
Erweiterte, berichtigte und kommentierte Neuausgabe

Das Tagebuch »Glossarium« enthält die Gedankenwelt von einem guten Jahrzehnt des späten Carl Schmitt. Schon die erste Ausgabe von 1991 erregte große Aufmerksamkeit, allerdings blieb sie wegen zahlreicher Fehler und falscher Übertragungen aus der Handschrift unbefriedigend; vor allem war sie ein Torso, da sie nur die ersten drei Teile enthielt und die beiden letzten unberücksichtigt ließ. Die neue Ausgabe ist nicht nur eine korrigierte zweite Auflage, sondern ein komplett aus der Handschrift neu hergestellter Text aller fünf Teile des »Glossariums«, der knapp und zurückhaltend kommentiert wird. Entstanden in einer Zeit, die ihn aus der Lebensbahn eines bürgerlichen Gelehrten warf, nahm Carl Schmitt mit den Ressentiments, aber auch mit der Tocquevilleschen Hellsichtigkeit des Besiegten die neue Lage wahr. Gegen die Interpretation der Sieger, die die Niederlage als Befreiung deuteten, sprach Schmitt von »falscher Befreiung« und meinte, dass zwar der Sieger die Geschichte schreibt, aber der Gescheiterte der Gescheitere ist.

Zweite Auflage, Abb., XIII, 557 Seiten, 2015
ISBN 978-3-428-14486-0
geb. mit Schutzumschlag, € 69,90
Titel auch als E-Book erhältlich.

www.duncker-humblot.de

Carl Schmitt

Der Schatten Gottes

Introspektionen, Tagebücher und Briefe 1921 bis 1924

Hrsg. von Gerd Giesler, Ernst Hüsmert und
Wolfgang H. Spindler

Carl Schmitt (1888–1985) gehört zu den bedeutendsten und international am meisten diskutierten politischen Denkern des 20. Jahrhunderts. Über Jahrzehnte seines langen Lebens führte er Tagebücher, von denen bisher drei Bände erschienen sind. Der jetzt vorliegende neue Band beleuchtet die entscheidende Zeit zu Beginn der 1920er Jahre in Bonn, die für das Entstehen seines Werkes als besonders fruchtbar gelten. Sie zeigen Schmitt als von Unrast getriebenen, aber produktiven »Künstlertypus« und lassen seine Freundes- und Kollegenbeziehungen, seine Alltagserfahrungen, seine Lektüre- und Gedankenwelten wie auch seine Obsessionen hervortreten. Das Achtergewicht der Notate bildet »Der Schatten Gottes«.

- Zahlr. Abb.,1 Karte, XXII, 601 Seiten, 2014
- ISBN 978-3-428-14308-5, geb., € 69,90
Titel auch als E-Book erhältlich.

www.duncker-humblot.de